将心比心
胖东来的服务精髓

易钟 ◎ 著

北京联合出版公司
Beijing United Publishing Co.,Ltd.

图书在版编目（CIP）数据

将心比心：胖东来的服务精髓/易钟著. -- 北京：北京联合出版公司, 2025.5. --ISBN 978-7-5596-8353-3

Ⅰ. F724.2

中国国家版本馆 CIP 数据核字第 2025HQ6512 号

将心比心：胖东来的服务精髓

作　　者：易　钟
出 品 人：赵红仕
选题策划：北京时代光华图书有限公司
责任编辑：徐　鹏
特约编辑：高志红
封面设计：新艺书文化

北京联合出版公司出版
（北京市西城区德外大街 83 号楼 9 层　100088）
北京时代光华图书有限公司发行
文畅阁印刷有限公司印刷　　新华书店经销
字数 138 千字　　787 毫米 ×1092 毫米　　1/16　　13.5 印张
2025 年 5 月第 1 版　　2025 年 5 月第 1 次印刷
ISBN 978-7-5596-8353-3
定价：68.00 元

版权所有，侵权必究
未经书面许可，不得以任何方式转载、复制、翻印本书部分或全部内容
本书若有质量问题，请与本社图书销售中心联系调换。电话：010-82894445

目录

推荐序一 / 1

推荐序二 / 5

推荐序三 / 9

自序 心里没有顾客,供什么财神都没用 / 11

第一章 为何各行各业竞相学习胖东来

一、胖东来:传奇背后的故事 / 004

1. 走近"东来哥" / 004

2. "胖东来"的崛起之路 / 006

二、胖东来:与众不同的企业典范 / 008

1. 企业文化的独特魅力 / 008

2. 幸福企业的筑梦者 / 010

3. 倒逼机制下的卓越服务 / 015

4. 透明公开：管理的艺术 / 017

三、胖东来的核心驱动力：底层基因解析 / 020

1. 以人为本：塑造卓越企业文化的内核 / 020

2. 顾客至上：铸就极致服务理念的灵魂 / 025

3. 精细化管理：打造高效企业发展的基石 / 027

第二章　探索胖东来之道：铸就企业文化之魂

一、管理的真谛：文化引领，深耕企业文化 / 034

1. 播撒先进企业文化种子："爱在胖东来"的文化灵魂 / 036

2. 胖东来文化的发展轨迹：从萌芽到繁盛 / 042

二、重塑企业文化视野：开启企业发展新篇章 / 047

1. 卓越企业文化的力量：企业成长的隐形翅膀 / 049

2. 企业文化建设的常见误区：避开陷阱，稳健前行 / 057

3. 企业文化落地难题：探寻破解之道，实现文化生根 / 062

三、凝练文化精髓，传递企业之声 / 069

1. 提炼企业核心文化理念：塑造企业独特灵魂 / 070

2. 提炼企业文化主张：明确价值导向，引领发展 / 076

3. 解码并传播文化主张：让文化发声，传递企业价值力量 / 077

目 录

第三章 深悟胖东来：以员工为本，共筑幸福企业蓝图

一、员工幸福，顾客满意：企业成功的关键 / 090
    1. 胖东来：员工细节服务的艺术 / 090
    2. 构建全方位员工关爱体系 / 093

二、新员工融入：幸福企业的起点 / 097
    1. 注重新员工欢迎方式：打造温馨的第一印象 / 100
    2. 做好新员工培训：赋能成长，快速融入 / 105
    3. 帮助新员工设定目标：快速成长 / 114
    4. 做足新员工关怀：从生活入手，从工作入手 / 117

三、幸福企业三步走：策略与实践 / 122
    1. 薪酬待遇：竞争力与公平性并重 / 123
    2. 快乐工作氛围：激发潜能，提升效率 / 124
    3. 员工如家人：用心关爱，共筑幸福 / 125

第四章 精研胖东来：以真心待客，品质服务铸就客户信赖

一、胖东来服务进化之路：从真诚到卓越的蜕变 / 134
    1. 真品换真心：奠定信任基石 / 134
    2. 上门退货服务：超越期待的便捷 / 136
    3. 专业透明：服务新高度 / 138

二、胖东来的利他服务：以顾客为本的全方位关怀 / 141

1. 不满意就退货：零风险购物承诺 / 141
2. 倡导理性消费：顾客利益至上 / 143
3. 补退差价：守护公平交易 / 145
4. 500元投诉奖：倾听顾客声音，持续优化服务 / 147
5. 缺货登记：满足顾客期待 / 148
6. 爱心服务：打造一站式购物体验，提升顾客满意度 / 150
7. 便民服务：传递企业温度，彰显社会责任感 / 153

三、胖东来核心服务法则：细节决定成败，口碑赢得未来 / 156

1. 换位思考：理解顾客所需 / 157
2. 口碑为王：细节成就卓越 / 168
3. 倒逼机制：顾客监督下的服务创新与升级 / 180

结语 学习胖东来：打造幸福生命状态 / 185

推荐序一

易钟老师是国内知名的服务行业研究专家，在繁忙的授课之余笔耕不辍，著书立言。从《海底捞的秘密》到《向服务要利润》《做最好的酒店经理人：赢在个性化服务》等多部畅销书，再到这本《将心比心：胖东来的服务精髓》，我在敬佩他的勤勉之余，也感叹易老师嗅觉的敏锐。如此火热的"胖东来现象"背后一定有太多值得思考、学习、传播之处，这本《将心比心：胖东来的服务精髓》来得太及时了。

我本人也早在关注胖东来，只是一直未得实地一见。直到最近，我们第十八期"清大健康产业新领袖高级研修班"的开课地点选在了许昌，也邀请了易钟老师来讲课。我们第一次带着350多位大健康领域的企业家同学走进了胖东来，亲身感受了这家被称为"有史以来第一家把超市做成了5A景区"企业的风采。

这次参访让我记忆深刻，店内处处体现着这家细节狂魔企业对顾客、对员工极致的关爱。我不禁感慨：同为服务行业，健康产业

将心比心：胖东来的服务精髓

多年前提出的"超值的、意想不到的、个性化的"金牌服务标准，被胖东来人发自内心地做到了。没有营销，没有套路，只有诚意。每个员工向消费者呈现出的都是主动的、有温度的生命个体，而不是被迫的、冰冷的商业人；是可以让人感受得到的发自内心的拙诚，而不是表面的善巧。这带给我和同学们极大的震撼，一家商业企业如此"不商业"，如乌托邦一样讲幸福、讲爱，如此由衷的集体行为背后是什么？

企业是经营者的化身，与经营者的人格特质、价值取向、理念理想有着密不可分的联系。于东来身上，有着天然的赤诚、侠气和对商道的尊重。在假货横行、市场竞争无序的20世纪90年代初期，创业伊始他就提出"以真品换真心，不满意就退款"，近几年更是无条件帮扶甚至自己掏钱帮助其他商超调改，开放自己的各种营收报表和管理系统给同行……致良知，走正道。于东来于无意之中践行了中国传统商业文化所倡导的"天下之事，义利而已。义利相济，商道根本"。

国家经济的快速腾飞让我们过上了衣食无忧的小康生活，但对贫穷的恐惧依然深深刻在骨子里，我们每个人都在拼命抓取，比谁抓取的更多，以为得到更多便可幸福。企业经营者更是如此，在钱里、数据里、报表里打转，对照过去的增长、其他企业的增长来追求速度、数量、规模、效率，没有实现就焦虑，实现了还焦虑，活得非常痛苦。而于东来提供了另外一种解法，就是"舍"。扩张不了的区域就不扩张，不盈利的店面就关掉，辐射不到的地方就让别人干。做自己，做自己能力范围以内的事，并把它认真做好。走自己的路，让别人也有路可走。

"胖东来现象"在传递一个讯息：从关注"物"到关注"人"，企业经营逻辑在发生变化，从物资匮乏到物资过盛，"人"成为企业最重要的资产，而经营者本人是企业的第一资产，经营者对自身的满意程度是经营成果的最直接体现。如于东来所说"连上个厕所都觉得自己怎么这么美好啊""我在创造美好，我自己也是美好的一部分"，这样充盈的生命状态怎么能不带动员工、不感动顾客？悟道，做到；布道，得到。于东来为我们提供了一个"良知在心，力量在手，此心光明"的企业经营者范本。

做一个幸福的人，做一个美丽的人，做一个有爱的人。于东来的幸福哲学滋养了他本人，滋养了胖东来人，也滋养了一座城市，近悦远来。我们在本次开课的瑞贝卡芙蓉园大酒店，自始至终都被纯粹利他、无微不至的服务氛围环绕，后来得知这也是一家对标胖东来的企业。美美与共，多好！

胖东来可以学，而且学得会。这是我们带领大家走进胖东来的原因。当然，这更是一次大健康行业重温服务立业的本源和初心的知行合一之旅，我们还要将这样的活动持续办下去。

让更多人了解胖东来、学习胖东来，易钟老师在做一件传播美好的事。这本《将心比心：胖东来的服务精髓》作为传播载体，书中关于于东来本人、胖东来文化和服务的具体做法都有很全面的阐述，读者如能从中悟到、做到一点，体会到"我是世界美好的一部分"，善莫大焉。

郭心明

清大健康产业同学会创始人

北京清大鼎励教育科技有限公司董事长

推荐序二

对易钟老师仰慕已久。他在2015年就发出了灵魂拷问：中国经济高速发展，酒店业蓬勃兴盛，为什么千篇一律都用欧美风格？中国的酒店一直延续国外的服务标准，华夏礼仪、儒家文化为什么不能在酒店服务中体现？于是他率先发出了建设中国文化酒店的倡议：酒店风格要向新中式转变，要展现在地文化；大力弘扬中国式服务，体现中国人的亲情温暖。

2023年春节之后，借助自媒体的传播，许昌的胖东来热度飙升，迅速走红，大家突然发现，在我们的生活中，也有这么幸福的企业，对员工好，对顾客好，为社会传播美好，这不就是我们的桃花源、理想国吗？于是全国人民蜂拥许昌，要一探究竟。易钟老师对标酒店餐饮业，发现了胖东来文化的重大借鉴意义。胖东来文化就是中华文化结出的硕果，它的大爱、利他、诚信、亲情，不正是中国人血脉中流淌千百年的智慧吗？易钟老师一直致力于传播中华文化，帮助企业构筑文化体系，助力企业经营。2023年5月，易钟老师开始筹备酒店

将心比心：胖东来的服务精髓

餐饮业学习胖东来研学，于8月成功举办第一期。在随后的一年多时间里，易钟老师共组织了9期胖东来研学，期期爆满，反响热烈。

在第一期的研学班上，我和其他学员一起，看胖东来的现场，听导游讲解；听胖东来高管分享他们的成功做法；易钟老师又拓展心性，从关爱员工开始，指导研学落地。三天两晚的课程，真的让我醍醐灌顶，开启智慧。

作为许昌人，胖东来一直就在我们身边，就像是朋友、家人。30年来，它为我们提供了优质的商品、优质的服务，把我们惯坏了，离开它，我们就不知道怎么购物。每一个许昌人，都有许多和胖东来发生的感人故事，我们很幸福！是的，很幸福，但是我们从来没有想过去探寻一下胖东来的文化基因，也从来没想过可以从胖东来身上学习成功之道。

易钟老师的启发，让我内心升起了一盏明灯，我突然感觉，我们差点辜负了这个美好的时代。我和东来大哥是有缘分的。首先，是地域近，我们是乡亲，村头连村头，我很早的时候就知道他，知道他从小热情、仗义，有侠士精神，也知道他文化程度不高，调皮、好玩，但深谙人心，会做生意。其次，他的第一个店是1995年3月开的望月楼胖子店，我是1996年9月入职桃园大酒店，与他是邻居，只不过我们是一座19层的大楼，他是租赁的烟酒店。30年过去了，他的商业王国不断扩展，他的文化理念不断提升，我们做邻居已久，早该见贤思齐了！

易钟老师的课程结束后，我下定决心，要全面学习胖东来，积极调改我们的经营方式。我首先安排酒店各级人员去胖东来实地学习，不是购物，而是带着虔诚之心去考察；然后组织分享会，让管理层谈学习心得；最后制订落实计划，从高层到中层再到员工，各级都要找到调改提高之处。在易钟老师的指导下，我们确定了企业的文化主张——向美而行，为爱停留；确立了酒店的使命——做中华文化的传承者、中国式服务的践行者、生活美学的传播者。我们要努力打造幸福型企业，关爱员工，为社会传播美好。今日的瑞贝卡酒店，已有了比较大的变化。

易钟老师善于总结和提炼，把学习胖东来文化基因的心得进行梳理，编撰成册，写出了一部服务行业的文化宝典——《将心比心：胖东来的服务精髓》，全面剖析文化助力企业经营的秘密，相信对于业界学习胖东来文化有积极的促进作用。

易钟老师让我为书作序，虽然知道自己能力有限，解读不精，但却之不恭，于是，我把与易钟老师、与东来大哥的缘分写下来，并把瑞贝卡酒店践行胖东来文化落地的事禀告大家，就算是一个发愿，共同传播胖东来的美好理念。相信我们都能活成一道光，照亮自己，照亮别人！

张保民
许昌市旅游协会会长
许昌瑞贝卡大酒店总经理
许昌芙蓉园酒店总经理

推荐序三

作为首家跨行业组织胖东来游学的企业,9年来,我带领大家200多次走进胖东来,自以为非常了解胖东来,但读了易钟老师的《将心比心:胖东来的服务精髓》,仍为他对胖东来的深刻理解所震撼。

"文化不是说出来的,是干出来的,员工的行为习惯就是企业文化,顾客体验到的才是文化。"

大家到胖东来,处处体验到的都是美好。这美好正是胖东来的文化转化为员工的行为传递出来,而形成的爱的磁场。东来百科文化理念分享中有这样一段话:"懂得把理性、科学、先进的文化理念融入自己的思维,体现在行为、生活习惯当中的时候,生命亦是如此美好!"顾客从胖东来员工的一言一行中,感受到的都是胖东来爱的文化、真诚的文化。胖东来的员工,就是行走的胖东来文化。

我们游学团队中有一家企业的高管,因为想体验胖东来的客诉，就在时代广场美食城吃饭时，专门买了一碗馄饨，吃了三个后，以不好吃为名去退货。她以为需要很多"说明"，结果胖东来的员工二话没说就把钱退给她了。更让她感动的是，当她说明自己是来游学的，要把钱还给胖东来的员工时，胖东来的员工没有收钱，而是脱口而出："姐，那你肯定没吃好，我给你再下一碗吧。"

胖东来的文化是真正内化于全员的心，外化于全员的行。

胖东来是如何关爱员工的，员工又是如何将爱传递给顾客的，易老师在书中都有非常清晰的表达，相信你能从中找到想要的答案。

衷心希望更多的人能读到易钟老师这本《将心比心：胖东来的服务精髓》，让自己的企业也走向幸福经营，为社会传递更多的爱。

赵淑红

河南太和文旅集团董事长

自 序

心里没有顾客，供什么财神都没用

胖东来从1995年发展至今已经有30年，以前一直听说胖东来的服务故事，但我真正深入了解胖东来是从2023年5月开始的。当时河南太和文旅集团的马经理邀请我们走进胖东来，去感受胖东来文化的力量和服务的细节。当时我就有些疑惑，我们是专注餐饮酒店行业的，而胖东来属于零售行业，我们餐饮酒店行业去看、去学，能学到什么？后来在马经理的再三邀请下，我们组织了第一期餐饮酒店行业胖东来游学，这也是中国餐饮酒店行业首次走进胖东来研学。

2023年8月23日，我们走进了胖东来。我们首先去的是胖东来的时代广场店，在店门口，我眼前一亮，因为我看到的不是营销广告、促销海报，而是很多文化标语：

将心比心：胖东来的服务精髓

爱在胖东来

自由·爱

爱，是一切美好的开始

用真心去爱顾客、爱员工、爱社会

我们是创造美的使者

爱和善良，永远是我们最大的信仰

永远保持一颗善良的心，走到哪里都是一束光

我们不是把商品销售给顾客，而是把幸福传递给顾客

幸福不是贪婪，而是热爱和喜欢

真正的幸福是状态而非心态

生活的美好不是别人给予的，是要靠自己去点缀和创造的

……

走进胖东来，通过一天的游学，我对它有了全新的认知。胖东来不仅是一家零售企业，更是一所学校，它想要传播先进的文化理念。在那一刻，我对这家企业产生了敬意，深深感受到胖东来的了不起和这家企业对中国乃至世界的影响。胖东来一定是全国各行各业学习的标杆。

从那一刻开始直到 2025 年 3 月，我们共同组织了 9 期胖东来游学。因为我心中萌生了一个使命：一定要将胖东来的幸福文化、胖东来的先进文化理念，坚定地传播出去，让更多的餐饮酒店等服务行业的企业，都能够学习胖东来的大爱利他，都能够学

习"爱在胖东来"的核心企业文化理念。

首先是胖东来对员工的爱。胖东来给予员工较高薪酬和优厚福利，同时注重员工的培训和个人成长。胖东来内部有完善的培训体系，鼓励员工不断学习和提升自己的技能。

其次是胖东来对顾客的爱。在商品方面，胖东来坚持提供高品质的商品。在服务方面，胖东来注重细节，为顾客提供贴心的服务。胖东来也非常重视顾客的意见和反馈，设置了顾客意见公示台，对每一个顾客的意见都认真对待并给予诚意满满的回复。

再者是胖东来对社会的爱。胖东来在其官网公开发布的企业文化手册中说道："胖东来的企业目标和价值不只是做商业，满足企业生存和发展的需求，而是通过商业的载体和平台，建设、践行和传播先进的文化理念……培养健全人格，成就阳光个性的生命！……让企业更美好、让国家更美好、让世界更美好！"他们通过企业的经营和管理，将这些积极的价值观传递给员工、顾客和社会大众，对社会的精神文明建设产生了积极的影响。

最后是胖东来对事业的爱。胖东来的创始人于东来对零售事业充满热爱，这种热爱体现在对商品品质和服务的不断追求上，同时胖东来不仅自己追求卓越，还愿意将自己的经验和理念分享给其他同行企业，希望通过自己的努力，推动整个零售行业的发展和进步。这种分享和传承的精神，也是对事业的一种热爱和奉献。

通过组织这9期胖东来游学，我也萌生了写一本书的想法。我们不仅要走进胖东来进行学习，更应该把学到的胖东来核心文化理念和服务精髓写成书，让更多同人能够学习胖东来的先进企业文化理念，以及优秀的服务精神。

在这本书中，我将会从三个维度来解读胖东来的服务精神。

1. 企业文化的力量

一家企业的格局，往往来自老板的格局，企业文化也往往来自老板的认知。胖东来创始人于东来大爱利他，向社会传递真诚、传递爱，这份有关爱的信仰，成为胖东来的核心文化理念，我将会在本书重点解读这一点。

2. 思考对员工的服务

胖东来认为，只有先照顾好员工，员工才会照顾好顾客。我将带领大家深度思考如何照顾好自己的员工，如何用心关怀自己的员工，如何用心服务好自己的员工。我们只有用心服务好员工，员工才会用心服务好顾客。

3. 对顾客的服务

在对顾客的服务中，我会重点讲以下三点：

首先，好的服务都是换位思考。服务，要有利他之心，要能时刻站在顾客角度，用心走进顾客的心里。我们只有先走到顾客心里去，顾客才会常走进我们店里来。我重点解读了胖东来是如何换位思考的，通过大量案例，深入浅出地讲解胖东来的发心及对顾客的用心。

其次，胖东来的细节服务和服务场景。我们走进胖东来，所到之处，都能见到各种细节提示，看到最多的四个字就是"温馨提示"，店内处处都是胖东来构建的服务场景。这一行为既践行了好服务（换位思考），又践行了用心服务（注重细节，精益求精）。

最后，优秀的服务团队一定离不开好的机制。在这本书里，我会跟大家分享胖东来的倒逼机制。大家都知道胖东来有500元投诉奖，他们通过顾客的评价、顾客的反馈，甚至顾客的投诉，来倒逼自己服务品质提升，倒逼员工服务水平提升，也倒逼员工不断成长。目前各行各业都在讲服务、做服务，我们可以看看自己的企业如何倒逼员工成长，如何倒逼服务品质提升。

书中定然存在诸多不足之处，恳请各位读者海涵，也恳请广大读者给予批评指正。在这里，我也要特别感谢河南太和文旅集团提供的相关案例及给予的大力支持，也特别感谢河南许昌瑞贝卡大酒店、许昌瑞贝卡芙蓉园酒店全体团队伙伴，以及许昌市旅游协会会长、许昌瑞贝卡大酒店总经理、许昌芙蓉园酒店总经理张保民先生和其他老师为本书撰写的序言。感谢在此书写作的过程中，一直保持关心的各位朋友，你们一直以来的关注和大力支持，让这本书很快得到出版，在这里向你们表达诚挚的谢意和敬意。

最后，也恳请全国各地各行各业的同人，一起走进胖东来，学习胖东来。希望这本书能成为让企业服务质量提升，甚至经营业绩提升的优秀教材。

第一章

为何各行各业竞相学习胖东来

胖东来的企业目标和价值不只是做商业，满足企业生存和发展的需求，而是通过商业的载体和平台，建设、践行和传播科学先进的文化理念，理性地研究和探寻有效的方法。同时致力于建立和完成一个科学的涵盖文化、体制、标准、系统的运营体系样板，为社会提供一种公平、真诚、健康的经营模式，启迪和带动更多企业走向更加健康、轻松、自由、幸福的企业状态与生命状态。

——摘自胖东来官网

第一章 | 为何各行各业竞相学习胖东来

胖东来,这个名字似乎有着一种神奇的魔力。无论是传统零售行业还是新兴的电商领域,无论是服务行业还是制造行业,大家纷纷将目光投向它,想要向它学习。究竟是什么让胖东来如此与众不同?是它对顾客无微不至的关怀,还是对员工如家人般的呵护?是它独特的经营理念,还是对品质的执着追求?

我们能从胖东来身上学到什么呢?对于企业来说,或许是重新审视自己的经营理念,将顾客满意度放在首位,不断提升服务质量。对于管理者而言,可能是学会如何关爱员工,激发他们的潜力,共同为企业的发展而努力。而对于每一个从业者来说,胖东来则是一个榜样,提醒自己在工作中要用心服务,用爱付出。

让我们一起走进胖东来的世界,探寻它的独特魅力,从中汲取宝贵的经验,为自己的企业发展注入新的活力。

一、胖东来：传奇背后的故事

你是何时认识的胖东来？是"胖东来为买擀面皮顾客补偿共883.3万元"，还是"顾客打碎茅台酒，胖东来温馨安抚无须赔偿"？不管是哪个故事，都能让人们感受到这家企业的细致入微与人文关怀，这是胖东来品牌服务理念的生动体现，更是对"顾客至上"这一商业信条的深刻诠释。它超越了简单的物质赔偿，以情感为纽带，搭建起一座信任与忠诚的桥梁。胖东来成了服务行业中的一股清流，更是被大家冠上了"中国超市天花板"的称号。

1. 走近"东来哥"

相信大家对于胖东来的创始人于东来都不陌生，却又会好奇他是如何从负债累累到资产上亿的？这个普普通通的农民是怎样完成人生逆袭的？

于东来出生于河南许昌的农村，儿时调皮，初中未毕业便踏入社会。他卖过电影票、水果、冰棍等，脏活累活都做过。成年后进入橡胶厂工作，橡胶厂倒闭后，他与家人商议决定开烟酒铺。他刚开始想赚快钱，结果被低价货源迷惑，因涉嫌非法倒卖两度被抓，店铺关闭，还背负了30万元的债务。此时的于东来还不到30岁，他绝望过，痛苦过，但不甘心这辈子就这样过去。痛定思痛，他发誓一定要脚踏实地地挣钱。回乡之后，他在哥哥的帮助下，重操旧业开杂货铺。

1995年，胖东来前身望月楼胖子店开业。于东来秉持真诚服务与真品理念，收获了很多忠实的顾客，首年他就还清了债务。

正当于东来的事业蒸蒸日上的时候，1998年，一次突如其来的事件，使他的事业又一次陷入低谷。地痞报复性纵火，使他的店铺化为灰烬，直接损失上百万元，1名服务员和楼上宾馆的7名旅客葬身火海，8条生命就这样消失了。于东来把所有的过错都归在自己身上，并萌生了不再开店的想法，但大家都不认为于东来做错了什么。许昌很多老百姓都关心着于东来，有人打电话慰问，甚至上门捐钱捐物。大火铸造了胖东来人的灵魂，凝聚了胖东来人的精神，也让胖东来和客户的距离更近了。也正是因为这些老顾客与朋友的支持与鼓励，于东来重拾信心再次开办胖东来。大火没让胖东来倒下，反而提高了胖东来的知名度。此后，胖东来凭借优质产品、贴心服务和优厚员工福利，迅速在许昌崛起。于东来将胖东来大部分收入用于员工分红,激励众人奋进,使其成了我们如今熟知的零售业标杆。

2."胖东来"的崛起之路

下面,我们来简单了解一下胖东来的崛起之路。

(1)创业起步阶段

1995年春天,于东来用借来的1万元,加上另外4名下岗职工凑的6万元,开了一家面积40多平方米的糖烟酒小店——望月楼胖子店,这就是胖东来的前身。同年中秋节之后,于东来坚持"用真品换真心",生意逐渐有了起色,第一年就赚了近80万元,不仅还清了债务,还获得了盈利。1996年,于东来开了第二家店,年利润达到120多万元。1997年,他开了第三家店,并在同年9月成立许昌市胖东来商贸集团有限公司。自此,胖东来的雏形已逐渐显现。

(2)业态拓展阶段

1999年5月,于东来把量贩业态首先引入许昌,胖东来综合量贩开业。1999年,他的第一个专业量贩——名牌服饰量贩开业,推出免费干洗、熨烫、缝边等超值服务项目。2000年,胖东来电器店、面包店陆续开张。2002年元旦,营业面积23 000平方米的胖东来生活广场开业,集购物、休闲、餐饮、娱乐于一体,成为当时许昌最大的大型综合超市，当年就创造了 5 亿元的销售额。

（3）快速发展与巩固阶段

2002 年，于东来联合洛阳大张、信阳西亚和美、南阳万德隆几家同行公司，建立了"四方联采"机制。2005 年，胖东来在许昌的发展已经非常成熟，其品牌影响力和市场份额不断扩大，开始向外拓展，在新乡开设了第一家分店。2013 年，许多网友呼吁胖东来去河南省以外开店，但于东来表示没有外地开店的计划，会一直分享经验。

（4）稳定与创新阶段

截至 2024 年底，胖东来共有 13 家门店（许昌 11 家、新乡 2 家），销售额近 170 亿元，并显示出强劲的增长态势。胖东来在许昌市场的"顶流"地位依然稳固。

二、胖东来：与众不同的企业典范

1. 企业文化的独特魅力

胖东来的企业文化是其成功的核心基石。"爱在胖东来""自由·爱"的信仰贯穿于企业的每一个角落，为员工和顾客营造出一种充满尊重、关爱与自由的氛围。这种企业文化理念不仅仅是口号，更深深融入企业的日常运营和决策中。

于东来说过，胖东来想要成为一所学校，传播先进的文化理念和先进的生活方法，培养员工健全的人格，成就阳光个性的生命状态，同时为社会提供一种公平、真诚、健康的经营模式。

胖东来鼓励员工展现真实的自我，追求个性的发展。在这里，员工不是机械的工作执行者，而是充满创造力和热情的个体。企业尊重每一位员工的价值和梦想，为他们提供广阔的发展空间和平台。同时，胖东来也将关爱传递给顾客，以真诚的服务和优质的商品，让顾客感受到家的温暖和关怀。

这种独特的企业文化吸引了众多优秀的人才，激发了员工的工作热情和创造力，为企业的持续发展注入了强大的动力。

在很多商场，广告往往侧重于商品的促销和品牌的宣传。但走进胖东来的门店，首先映入眼帘的不是各种促销标语，而是温馨的提示语，充满了对顾客的关怀。比如在入口处，有"免费提供婴儿车、老人轮椅，如有需要请联系工作人员"的指示牌，旁边还摆放着整洁的设备供顾客随时取用。这些时刻都在传播"爱在胖东来"，时刻提醒着每一个走进这里的人，这里是一个充满爱的地方。作为服务顾客的准则与信念，"爱在胖东来"不只是被员工时常挂在嘴上，而是实实在在地践行在行动上。

易钟观点：

> 作为服务顾客的准则与信念，"爱在胖东来"不只是被员工时常挂在嘴上，而是实实在在地践行在行动上。

顾客从踏入胖东来的那一刻起，便能感受到无微不至的关怀。商场的布局合理、指示清晰，仿佛是在为归家的旅人指引方向。货架上的商品摆放整齐、标签规范，每一个细节都彰显着对顾客的尊重，他们用行动诠释着什么是真正的顾客至上。这是一种承诺、一种信念，更是一种行动，让每一个与胖东来接触的人都能感受到那份发自内心的、真挚的爱，也正是这份爱，成就了胖东来独特的魅力。

2. 幸福企业的筑梦者

胖东来以其独特的魅力和理念，致力于打造幸福企业，传承幸福和品质。那么，什么是幸福？

幸福，对于胖东来而言，是状态而非心态，也并非仅仅是物质的满足，而是一颗自由、喜悦与充满爱的心，是享受真正属于自己的空间与时间，是员工在工作中感受到的尊重与关爱，是顾客在购物时体验到的贴心服务与品质保证。胖东来认为，幸福是企业与员工、顾客共同成长、相互成就的过程。

（1）对员工的深切关爱

胖东来打造幸福企业，首先体现在对员工的深切关爱上。

胖东来认为，他们打造的是幸福企业，要让员工有更多的休息时间。既然要有更多的休息时间，那就不能不提放假这事儿。我相信大家一定知道胖东来大部分门店每周二闭店，假如遇到周二是节假日，胖东来同样闭店，员工放假。你会在周二把自己的店关了吗？一个大型零售店铺说今天闭店，员工都可以回家休息了，是为什么呢？于东来说，希望自己的员工能够休息好，这样才有幸福感。有很多同行说感谢于东来，这样每周二会有更多的顾客走进自己的企业。同行为什么这么说？因为胖东来太火了，所以有人说周二闭店是为了给同行更多机会，让同行也有口饭吃。

另外，作为零售行业，胖东来还能做到在春节期间放假5天，并且是从除夕开始放。

最让大家想不到的假是不开心假：员工不开心，可以放假10天。

在这个快节奏的时代，一线员工往往承受着巨大的压力。高强度的对客服务、超长的站立时长，使他们疲惫不堪，而胖东来大部分门店周二闭店、更长的假期，让这些员工得到了充分的休息与放松。员工感受到关爱的同时，也会以更加饱满的热情对客服务，从而形成一种良性循环。

案例：

一天，一位顾客与胖东来时代广场护肤区的一位工作人员聊天，对话内容让这位顾客深受触动。

顾客："你好，我是从外地过来的。我听说咱们胖东来的员工非常幸福，所以想和你聊一下，为什么你们会觉得在这里工作很幸福呢？现在的年轻人往往会抱怨工作很辛苦，工作不幸福呀？"

工作人员："因为我们工作比较自由！"（对于这个回答，顾客其实很惊讶。）

顾客："众所周知，胖东来服务做得非常好，服务好的背后一定是公司的高标准和高要求，为什么你们还会觉得工作自由呢？"

将心比心：胖东来的服务精髓

> 工作人员："因为我们在工作的时候，如果没有顾客，所有员工都是可以坐下来休息的，并不会像其他超市那样，员工不能坐，只能站着。我们还有放松的地方，可以健身、休息、娱乐、学习，如果工作累了，就可以在工作结束后去享受、放松，会觉得很舒服。而且在这里时间久了，也就习惯了这些工作要求。"

那位工作人员还提到了他们的薪酬，说他们的薪酬非常合理。这也说明员工的劳动和收获是对等的，胖东来员工的内心是满足的。

其实顾客是趁着这位工作人员没有服务其他顾客的时候才找她聊天的，虽然可以坐下，但是那位工作人员并没有坐在那里休息，而是在一点点擦拭护肤品的货架。顾客觉得胖东来的员工，是在自动自发地工作，不会故意偷懒。而且那位工作人员还告诉顾客，胖东来的这些高要求对他们自己的生活方式也有很大的影响，比如他们对家里的卫生也有了一定的要求标准。从这里也可以感受到胖东来是真真正正把企业文化带到了员工心里去，员工从公司优秀的企业文化当中受益。这不仅体现在物质方面，也体现在精神方面，所以他们觉得在这里工作是最幸福的。

易钟观点：

> 胖东来是真真正正把企业文化带到了员工心里去，员工从公司优秀的企业文化当中受益。

（2）品质

打造幸福企业，其次还体现在品质上。品质包括服务品质、产品品质和环境品质。

• 服务品质

胖东来的服务品质堪称零售行业的典范。顾客从踏入店门的那一刻起，就能感受到其用心之处。工作人员会以真诚的微笑和热情的问候迎接顾客，耐心解答各种问题，并提供专业的购物建议。小到店内的购物车类型，水果配勺子，水产鲜肉区有一次性手套，大到随处可见的温馨提示，为行动不便者提供轮椅并协助购物，以及坚持无条件退换货政策，甚至可上门退货，细节之处尽显关怀，处处体现着胖东来对服务品质的坚持，以及对这份利他服务的坚守。

案例：

胖东来药店的一大特色是允许药品按粒卖。这有多种好处：一方面，对于一些只需服用少量药品就能痊愈的患者，按粒卖可避免购买整盒造成的浪费，节省了开支。比如，感冒时只需服用几粒布洛芬，在胖东来就可以按需购买，无须买整盒。另一方面，这种销售方式给予患者更多的选择和更大的用药自主性，能精准满足其用药需求。这也体现了胖东来对顾客细致入微的关怀，真正做到了以顾客为中心，站在顾客角度思考。

胖东来的顾客都知道逛胖东来可以"三不带"，即不带水、不带纸、不带充电器。首先，胖东来在商场内设置了多处饮水点，为顾客提供免费的饮用水；其次，胖东来的卫生间会为顾客提供充足且质量较好的纸巾，并且在其他一些可能需要用到纸的地方，如生鲜区、餐饮区等，也会配备相应的纸巾供顾客使用；最后，胖东来在商场内设置了多个充电区域，顾客可以在购物的同时为自己的电子设备充电，解决了顾客在购物时电子设备电量不足的困扰。

- **产品品质**

胖东来对产品品质的要求也十分苛刻。从供应商资质审核到生产能力评估，从产品质量检测到信誉考察，每一个环节都严格把关。只有那些具有良好生产环境、严格质量控制体系和良好信誉的供应商才能进入胖东来的供应链。这种严谨的态度确保了商品的源头质量，为消费者提供了可靠的保障。

胖东来在商品验收环节同样细致入微，专业的质检人员对商品的外观、包装、保质期、标签等进行仔细检查，不放过任何一个细节。在存储过程中，会根据不同商品的特性制定相应的存储标准和方法，确保商品的新鲜度和品质。商品陈列也十分注重细节，不仅要美观整洁、便于挑选，还要符合商品的存储要求。

- **环境品质**

在环境品质上，胖东来更是高标准、严要求。店内到处可见洗地机、保洁人员，以保证店内能时刻保持整洁。步梯扶手一尘不染，熟食区无油渍，连地砖缝都在打扫标准之内。在胖东来，幸福是员工的满足与成长，是消费者的信任与满意，是企业对社会责任的担当与践行。而服务品质、产品品质、环境品质的细节则是胖东来幸福的基石，它让幸福更加坚实、持久。胖东来以其独特的幸福企业模式和卓越的产品品质，为业界树立了一座丰碑，也为我们诠释了幸福的真正含义。

3. 倒逼机制下的卓越服务

胖东来的倒逼机制是一种以结果为导向，通过对各个环节的严格要求和反向施压，促使企业不断提升管理水平和服务质量的管理模式。

倒逼机制的意义在于，它打破了传统管理模式中从上至下的指令式管理，以顾客为中心，形成了一种自下而上的推动力量。这种力量能够激发企业内部的创新活力和竞争意识，促使员工不断提高工作效率和服务质量，从而提升企业的整体竞争力。

> 🛒 **易钟观点：**
>
> 倒逼机制打破了传统管理模式中从上至下的指令式管理，以顾客为中心，形成了一种自下而上的推动力量。

胖东来设置了员工委屈奖，当员工受到了委屈，他们就会获得这个委屈奖。同样，当顾客说要投诉，胖东来也推出了500元投诉奖。假如我是顾客，说产品包装有问题，说服务人员态度不太好，作为管理者你会怎样？你可能会说："小李你是怎么工作的，赶紧给顾客道歉。"反观胖东来，他们会第一时间拿着礼品找到顾客，说："感谢你给我们的反馈，这是我们的500元奖金和小礼品，谢谢你。"

胖东来鼓励顾客积极投诉。他们认为顾客的投诉是宝贵的反馈，能够帮助企业发现问题、改进服务。通过这种方式，胖东来收集到了大量的顾客意见和建议，促使企业不断优化服务流程、提升服务质量。例如，在商品陈列、导购服务、售后服务等方面，根据顾客的投诉进行针对性的改进，让顾客的购物体验得到不断提升。

胖东来通过让顾客挑毛病、反馈问题，倒逼员工成长，倒逼服务品质提升，倒逼顾客满意度提高。

胖东来的倒逼机制，出现在各个环节，这会迫使每个环节都不断优化和改进。胖东来以提供极致的服务体验为目标，对员工进行严格的培训和管理。企业制定了详细的服务标准和操作流程，要求员工在销售过程中，始终以消费者为中心，提供热情、周到、专业的服务。

为了确保服务质量，胖东来建立了完善的监督和考核机制。通过顾客满意度调查、神秘顾客暗访等方式，对员工的服务质量进行监督和评估。对于服务质量不达标的员工，进行相应的培训和处罚；对于服务质量优秀的员工，给予表彰和奖励。

这样的严格要求，倒逼员工不断提高自身的服务意识和服务水平。员工为了满足顾客的需求和期望，必须不断学习和提升自己的专业知识和服务技能，从而为顾客提供更加优质的服务体验。

案例：

曾有胖东来员工与顾客争执视频曝光，在该事件中虽然顾客存在理亏的情况，但胖东来没有忽视这一事件。为此，胖东来发布了长达 8 页的详尽调查报告，对事件进行了深入的调查和分析，最终以处理管理人员，给当事员工 500 元委屈奖及精神损失费，给劝架员工 500 元奖励，并且奖励投诉顾客来收尾。胖东来这一举措不仅展现了对顾客反馈的高度重视，也通过对内部管理的反思，进一步提升了服务质量和管理水平。

4. 透明公开：管理的艺术

在这个充满竞争与挑战的时代，许多企业将核心竞争力视为商业机密，小心翼翼地守护着。然而，胖东来反其道而行之，勇敢地敞开大门，将管理的每一个环节都置于阳光之下，以透明公开化的姿态展现出一种全新的企业管理理念。这种大胆而创新的做法，不仅赢得了顾客的高度认可和信任，也为行业树立了一根令人瞩目的标杆。

将心比心：胖东来的服务精髓

胖东来的透明公开化管理，并非一时的噱头或简单的策略选择，而是源于其对企业文化理念的深刻理解和坚定践行。这是对诚信经营的执着追求，是对员工权益的充分尊重，更是对顾客至上理念的生动诠释。

🛒 **易钟观点：**

> 胖东来的透明公开化管理，源于其对企业文化理念的深刻理解和坚定践行。这是对诚信经营的执着追求，是对员工权益的充分尊重，更是对顾客至上理念的生动诠释。

在胖东来，很多自营产品的价格成本是公开的，叫公开竞价。成本价是多少，售价是多少，只赚顾客10元钱或者赚顾客20元钱，毛利润是20%，等等，都写得清清楚楚。顾客清楚地知道这件商品的成本价是多少。也难怪那么多人说就相信胖东来，他们的信任感是从成本透明开始的。

胖东来还会把供应商的地址、电话、联系人全部公开。做经营、做管理，成本控制的源头就是采购，能把供应商的信息公开，不仅让顾客对胖东来100%信任，更让同行顶礼膜拜，因为这是格局和胸怀。企业都能做到吗？这是很难的。

同时，胖东来将内部管理手册、培训资料等直接在官网公开，供同行及大众学习参考。这些管理文件详细规定了各项工作的流程、标准和要求，让外界能够清晰了解胖东来的日常运营管理模式。

胖东来还会在官网上分享一些企业的经营数据，如销售业绩、客流量等信息的阶段性总结或报告。这不仅展示了企业的经营状况，也体现了企业的自信和对公众的坦诚。

胖东来的企业文化理念手册也是公开的，其中明确阐述了企业信仰、企业目标、企业准则、经营理念、经营目标、经营标准等内容。这份手册，对于胖东来来说，是指导企业发展和员工行为的重要依据，对外部而言，是了解胖东来企业文化的窗口。通过公开文化理念，胖东来向社会传递了其独特的企业精神和价值追求，也让员工和消费者更好地理解企业的行为和决策。

于东来说他们要做一个透明如玻璃般的企业。胖东来的透明公开化管理模式，不仅为企业自身带来了可持续发展的动力和卓越的声誉，也为整个行业树立了标杆。顾客因透明而更加信任，他们在胖东来购物，不仅是满足生活所需，更是享受一种安心与放心的体验。员工因透明公开的管理模式而更有归属感和积极性，尽情挥洒汗水，奉献智慧与热情。

胖东来这种公开透明的管理源于其背后独特且深厚的企业文化内核与底层基因。

三、胖东来的核心驱动力：底层基因解析

1. 以人为本：塑造卓越企业文化的内核

什么是以人为本？简单来说，就是把人作为核心考量因素，一切行动和决策都围绕着人的需求、利益和发展展开。在胖东来的经营理念中，以人为本有着丰富而深刻的体现。

胖东来从招聘环节开始，就充分体现了对员工的尊重。他们不追求高学历和丰富经验，而是更看重员工的品德和潜力。一旦员工被录用，胖东来会为他们提供全面的培训和发展机会，帮助他们提升自己的专业技能和综合素质。

在工作环境方面，胖东来致力于为员工创造舒适、安全的工作条件。公司的门店整洁明亮，设施齐全，员工休息区温馨舒适。此外，胖东来还为员工提供免费的工作餐和工作服，让他们在工作中

感受到家的温暖。

在薪酬待遇方面，胖东来更是毫不吝啬。他们给予员工高于同行业平均水平的工资和福利，并且每年都会根据员工的表现进行调薪和奖励。于东来曾说过："企业不是为了赚钱而存在，而是为了让员工过上幸福的生活。"这种对员工的关爱和付出，使得胖东来的员工忠诚度极高，他们愿意为公司付出更多的努力和汗水。

同时，胖东来非常注重对员工的尊重和信任。公司充分尊重员工的个性和创造力，鼓励他们提出自己的想法和建议。在胖东来，员工可以自由地表达自己的观点，不用担心被批评或惩罚。公司会认真听取员工的意见，并根据实际情况进行采纳和改进。

在管理方面，胖东来实行扁平化管理模式，减少管理层级，让员工有更多的机会参与决策。公司还建立了完善的沟通机制，定期组织员工座谈会和沟通会，让员工与管理层之间保持密切的联系。这种尊重和信任的氛围，激发了员工的工作热情和创造力，使得胖东来的团队凝聚力极强。

胖东来也注重打造积极向上的企业文化，倡导"爱在胖东来""自由·爱"的企业文化理念，将传播先进企业文化、培养健全人格作为企业的目标。在这样的文化氛围下，员工们感受到了公司对自己的尊重和关爱，激发了他们的工作热情和创造力。同时，企业文化也为员工提供了归属感，凝聚了团队的力量，使胖东来成为一个团结向上的大家庭。

胖东来还积极开展思想教育活动，通过会议、培训等方式，让员工深入理解公司的价值观和经营理念。于东来会定期给员工讲课，从思维到能力，从感悟到见识，从做人到做事，全方位地为员工赋能，帮助员工提升自己的综合素质，实现个人价值与企业价值的共同提升。

案例：

顾客从洗手间出来看到一位年龄五十多岁的保洁阿姨，面带微笑地面对每一位顾客，不时有联营商户与她打招呼，保洁阿姨用同样的笑容熟悉地回应。

顾客不禁好奇问道："您为什么笑得这么灿烂、这么开心？我真的很想知道。"

保洁阿姨很自然地笑着说："开心也是一天，不开心也是一天，当然要开心啦！"

顾客又问："我是慕名胖东来服务好，员工幸福，特意从外地来向你们学习的。听说你们工资很高，福利好，方便问下您工资多少钱吗？"这其实是个敏感的问题，顾客并不知道她是否愿意回答。

谁知保洁阿姨脱口而出："我工资一个月六七千，每年还有30天带薪年假，能不开心嘛！"接着她又反问道："请问您是从哪里来到我们许昌的？"

顾客回答："南京。"

保洁阿姨回:"大城市来的啊?不该是来学习我们啊!是我们应该向你们大城市学习啊,帮我们多提提意见,我们做得还不够啊!"她微笑中带着谦虚,依然很灿烂。

顾客又问:"阿姨您在胖东来工作多久了?"

"我在这儿已经十几年了!不知道啥情况,今年从外地来我们这儿学习的特别多,你们有什么意见可要向我们多提提。"保洁阿姨依旧面带微笑,谦虚真诚。

交谈中,顾客感受到了传说中的幸福感,感慨的同时又问道:"请问阿姨,商场门口写着——欢迎同行学习,还可以咨询管理人员,这真的可以吗?"

保洁阿姨再一次脱口而出:"当然可以啦!不过我只是基层员工,好多不懂的,不能乱说,怕引导错了,我马上给您喊我们领导来解答,她比我懂得多得多,稍等我一下。"这时她连忙小跑着走到墙边,用挂在墙上的电话打给领导。这样的热情、诚恳,让顾客再次惊讶。

保洁阿姨挂了电话走向顾客,有些难为情地说:"真不好意思,今天是月底最后一天,领导手头有点忙。领导说稍等几分钟,她忙完就过来接待您。她让我转达歉意,您要不在这儿坐会儿稍等几分钟或者去逛逛,领导到了我立马给您打电话,她会用心接待您的。"

其实此时顾客已经很不好意思了,感觉自己的好奇已经影响了他们的正常工作,但是对方不仅没有不耐烦,还如此诚恳地解释。顾客对这位上岁数的保洁阿姨感到有些歉意了，于是连忙说道："没事阿姨，已经很感谢您了，那我先去逛逛，这几天还有机会我再过来，先不打扰你们工作了。"

保洁阿姨还是带着歉意说道："真的太不好意思，这会儿时间不巧，您要是想问哪些，随时过来。我给你我们领导的电话，直接打给她也行。我没能帮到您，怪对不住的。"

故事到这里就结束了。沟通的时间虽然不长，但是顾客感受到了太多年没有见过的集谦虚、礼貌、热情、阳光、真诚于一体的感觉。那位保洁阿姨身上体现出最多的就是她的幸福感，每一天都乐观，这才是真正幸福的生命的状态。她只是一个普通员工，但高贵的灵魂令我们肃然起敬。只有真正做到以人为本，员工才能表现出这种状态。这就是企业文化的力量。

总之，胖东来以其独特的以人为本的经营理念和企业文化，成了商业世界中的一颗璀璨明珠。他们把员工当人看，尊重与信任员工，给予员工自由与爱，让员工在工作中感受到了尊严、价值和幸福。这种以人为本的价值观，不仅为胖东来带来了巨大的商业成功，也为其他企业提供了宝贵的启示。在未来的发展中，相信胖东来会继续坚持以人为本的理念，为员工创造更加美好的生活，为社会做出更大的贡献。

> 🛒 易钟观点：
>
> 　　胖东来把员工当人看，尊重与信任员工，给予员工自由与爱，让员工在工作中感受到了尊严、价值和幸福。

2. 顾客至上：铸就极致服务理念的灵魂

　　何为顾客至上？顾客至上，即把顾客的需求、利益和满意度放在首要位置，以满足顾客为最高目标，一切经营活动围绕顾客展开。

　　胖东来的门店干净整洁、宽敞明亮，商品陈列有序，为顾客营造了舒适的购物氛围。休息区设置舒适的座椅、免费的饮用水等，让顾客在购物过程中可以随时休息。胖东来致力于为顾客提供丰富多样的商品选择，其商品涵盖了日常生活的各个方面。无论是高端品牌还是亲民商品，都能满足不同顾客的需求。员工经过专业培训，能够为顾客提供准确、详细的商品信息和建议。他们以热情、耐心的态度解答顾客的疑问，帮助顾客做出最佳的购物决策。

　　胖东来提出"我们不是服务顾客，而是与顾客分享生活"的经营理念，把顾客当作家人，以自由平等的价值观为基础，为顾客提供贴心的服务。这种视角的转变让员工在服务过程中更能设身处地地为顾客着想，从而提供更优质、更个性化的服务。比如，为顾客提供免费的购物袋、免费的雨伞借用服务，员工会主动帮助顾客挑选商品，提供专业的建议和解决方案，让顾客在购物过程中感受到温暖和关怀。

胖东来鼓励顾客参与企业的管理和发展，通过各种渠道收集顾客的意见和建议。例如，在门店设置意见箱、开展顾客满意度调查等，及时了解顾客的需求和反馈。同时，对顾客的意见和建议高度重视，积极进行整改和反馈。让顾客感受到自己的意见被重视，增强顾客的参与感和满意度。

同时，胖东来不追求单纯的利润最大化，而是注重商品品质和服务质量，量力而行地满足民生需求。胖东来致力于打造"商品的博物馆"，为顾客提供最齐全的货物品类，让顾客能够有更多的选择。在采购上，严格把关商品质量，确保顾客购买到的商品都是优质的。这种对商业本质的坚守，赢得了顾客的信任和口碑。

总之，胖东来以其实际行动诠释了顾客至上的理念。通过极致的服务体验、关注细节、倾听顾客声音等方式，胖东来赢得了顾客的信任和忠诚。其他企业可以从胖东来的案例中汲取经验，将顾客至上的理念融入企业的经营管理中，为顾客创造更大的价值。

案例：

一对退休夫妻来到胖东来时代广场店，想看电影，因为要在应用软件上预订电影票，他们自己不会操作，就请胖东来的工作人员帮忙预订。但是在预订的过程中，时间弄错了，导致这对夫妻在自己想看电影的时间没有看到这部电影,他们向工作人员反馈了问题。工作人员意识到这是一个操作失误,不仅真诚表达歉意,还给他们开了专场。看完以后,顾客非常感动,结果胖东来还把电影票钱退给了他们。这对夫妻想把这个令人感动的故事发到微博上,表达一下对胖东来的感谢,但是胖东来的工作人员强调:"您可千万别说,因为这其实不是什么好事情,是我们的失误,您也不用感动,都是我们应该做的。"

胖东来真正做到了不仅让顾客满意,更把顾客放在心里,想顾客之所想,急顾客之所急,真正走进顾客心里,并且超越顾客的期望,从而打动顾客,感动顾客。

🛒 **易钟观点:**

> 胖东来真正做到了不仅让顾客满意,更把顾客放在心里,想顾客之所想,急顾客之所急。

3. 精细化管理:打造高效企业发展的基石

胖东来在企业管理上有着精细化的标准和流程。

胖东来深知员工是企业的核心竞争力,因此在员工管理方面投入了大量的精力。为员工提供高于当地同行业水平的薪酬和福利待遇，员工薪资水平为当地同行业的近 2 倍，企业利润的 95% 用于员工各项福利，这使得员工对企业的忠诚度和归属感极高。

胖东来注重员工的职业发展，为员工提供完善的培训体系和晋升机制。丰富的培训课程和学习机会，包括专业技能培训、服务意识培训、管理能力培训等，不断提升员工的综合素质和业务能力。在晋升方面，无论是基层员工还是管理层，都有机会通过学习和实践不断提升自己的能力，实现职业目标。这种对员工发展的重视，激发了员工的积极性和创造力，使他们愿意为公司的发展贡献自己的力量。

同时，胖东来倡导"共创共享"的理念，鼓励员工参与到企业的决策和管理中。员工可以提出自己的想法和建议，对公司的运营和发展产生积极影响。在一些门店的管理决策中，会充分听取员工的意见，让员工感受到自己是企业的主人，增强了员工的归属感和责任感。

除了在员工管理方面做到了精细化，胖东来的精细化管理，还体现在以下方面：胖东来的卖场环境整洁、舒适，这得益于其严格的卫生清洁和设施维护标准。卖场的卫生清洁工作十分细致，员工会对地面、货架、商品等进行定期清洁和消毒，确保卖场的环境整洁、卫生。保洁员会蹲在地上，甚至趴在地上对地板进行清洁，不放过任何一个角落，就连玻璃门也永远干净没有指纹。

商品陈列也是胖东来的一大亮点。陈列美观、科学，按照品类、品牌、价格等因素进行分类陈列，方便顾客选购。同时，注重陈列的艺术性和生动性，通过巧妙的陈列设计，吸引顾客的注意力，激发顾客的购买欲望。

胖东来对工作流程和服务标准有着严格的要求，确保员工能够按照规范操作。例如，在食品卫生安全方面，对食品的采购、加工、储存等环节都进行了严格的监控，以保障顾客的饮食安全。一旦出现问题，会严肃处理，并采取相应的措施进行整改。

案例：

> 在胖东来的生鲜区，不同于其他商场只是简单地陈列商品，胖东来会详细标注各种生鲜的产地、最佳食用方法及储存技巧。例如，海鲜产品旁边不仅有烹饪建议，还明确告知顾客如果不会处理，可由工作人员免费帮忙加工。有顾客购买了一条鱼，原本对烹饪不太擅长，在看到这些贴心的提示和接受加工服务后，不仅学会了新的烹饪方法，还对胖东来的服务赞不绝口。

胖东来的精细化企业管理，是其成功的关键。它以顾客为中心，注重服务细节，商品管理严格，员工管理人性化，卖场环境整洁，流程管理高效，为顾客提供了优质的购物体验，也为企业的可持续发展奠定了坚实的基础。

将心比心：胖东来的服务精髓

易钟观点：

　　胖东来以其独特的企业文化魅力、打造幸福企业的举措、公开透明的管理和顾客至上的理念，让我们感受到了胖东来强大的企业文化 DNA 及其独特魅力。它的成功为其他企业提供了宝贵的借鉴经验，启迪我们在经营管理中要注重企业文化建设，坚持以人为本，追求卓越品质，公开透明，以顾客为中心，不断提升企业的核心竞争力。

第二章

探索胖东来之道:
铸就企业文化之魂

胖东来的企业文化理念主要吸纳和借鉴世界先进的文化，让更多人懂得信仰的价值和做人做事的准则，培养健全的人格，成就阳光个性的生命状态。

——摘自胖东来官网

第二章 | 探索胖东来之道：铸就企业文化之魂

我们在第一章看到了胖东来的文化服务及管理，感受到了胖东来的服务魅力。我们虽然学服务，但是我们研究胖东来、海底捞，包括所有的顶尖标杆企业，他们之所以成为标杆，背后的力量都是企业文化。企业好服务的背后，依然是企业文化的支撑，所以我们重点讲一下企业的文化，看看胖东来是如何构建自己的企业文化的。

一、管理的真谛：文化引领，深耕企业文化

胖东来说过一句话，管理问题不在流程，而在企业文化。大家可以想一想，你们事无巨细地指挥工作、管理员工，是不是每天都很忙？你们在管理工作中，有时候像消防员一样，到处救火，一会儿管理员工，一会儿解决投诉问题，反正就是没有闲着的时候。我不能说你们忙得不对，但是你要问于东来："东来大哥在哪儿？""我现在在西藏。""我在法国。"他说自己天天就是一个字：玩。他对员工的要求只有四个字：会玩能干。尤其是对管理者，特别是高层管理者来说，这四个字非常重要。

会玩，讲的是自由，讲的是人的一种状态，不要天天工作，把自己累死，要懂得快乐，懂得美好，懂得幸福。员工在工作之余要有丰富的生活情趣和良好的娱乐方式。胖东来认为，只有让员工在生活中得到充分的放松和享受，才能更好地激发他们的工作热情和

创造力。因此，公司积极倡导员工培养自己的兴趣爱好，参加各种文体活动，让生活更加丰富多彩。

能干，讲的是精神，讲的是专业，讲的是匠心。胖东来要求每位员工，首先是一个专业人士，这意味着员工要具备扎实的专业知识和出色的工作技能，能够高效地完成各项工作任务。胖东来通过严格的招聘选拔、系统的培训体系和完善的绩效考核，不断提升员工的业务能力，确保每一位员工都能在自己的岗位上发挥最大的价值。

大家不要小看"会玩能干"这四个字，它体现了胖东来的精神。

案例：

一位顾客参观胖东来，在一楼的冰激凌批发区看到了意想不到的一幕。当时结账柜台没有顾客结账，那里的收银员竟然静静地抱着一本书，全神贯注地阅读着。强烈的好奇心驱使这位顾客不由自主地走上前去，与收银员展开了几句简短的交谈。

在聊天的过程中顾客得知，胖东来设有属于员工自己的图书室。在这里，员工完全是自主学习，他们可以根据自己的兴趣爱好和职业发展需求，自由地选择书籍进行阅读和学习。员工还有自己的休息娱乐区，在工作之余可以去放松一下。这里的员工一干就是一二十年，并非偶然。因为胖东来营造了一个充满爱的环境,这个环境就像一个温暖的大家庭,给了员工无微不至的关怀和尊重。

胖东来通过提供充足的休息时间和丰富的娱乐设施,让员工在工作之余享受生活。在这个环境中,员工们感受到了自己的价值和意义,他们不仅不会轻易流失,反而更加愿意去传播爱,将这份爱融入每一个服务细节中,用心去服务每一位顾客。他们以真诚的微笑、热情的态度和专业的服务,为顾客们带来了无与伦比的购物体验,让每一位走进胖东来的顾客都能感受到家的温暖和关爱。

1. 播撒先进企业文化种子:"爱在胖东来"的文化灵魂

胖东来的精神其实可以概括为一句话,即传播先进企业文化理念:爱在胖东来。

"爱在胖东来",大家如果去过胖东来,一定知道这句话,哪怕没去过,也会在短视频里、自媒体文章里见过。

很多商场和零售店,门口或者门店内挂的都是营销宣传海报,或者是产品的介绍,但是胖东来在商场门口,贴的是"爱在胖东来",在商场内部,也时时处处都能看到这句话(见图2-1、图2-2)。为什么于东来要让大家时刻都能看到这句话?顾客看到这句话的时候会想到什么?你又是如何理解"爱在胖东来"的?

第二章 | 探索胖东来之道：铸就企业文化之魂

图 2-1　胖东来商场外墙标语

图 2-2　胖东来商场内标语

我认为，可以从以下几个方面来解读"爱在胖东来"。

第一，爱在胖东来，是对自己的爱，爱自己是爱他人的基础。

首先，爱自己表现在注重身心健康，平衡工作和生活。胖东来倡导健康的生活方式，鼓励员工关注自身健康，并提供健康检查、心理咨询等服务，使员工的身体和心理都能达到并保持良好状态。同时，胖东来提倡员工平衡工作和生活，避免过度劳累。员工可以通过合理的休假制度和灵活的工作安排，在高效工作的同时享受生活。

其次，爱自己还表现在要学会尊重自我与提升自身。胖东来强调员工应尊重自己，珍惜自己的时间和精力，学会拒绝不合理要求，保护自身权益。同时，胖东来鼓励员工提升技能水平和知识储备，增强竞争力；支持员工设定职业目标，并提供实现这些目标的资源。

最后，爱自己还需要注重形象与情绪管理。胖东来鼓励员工注重自身形象管理，包括仪态、言谈举止等，要展现积极向上的精神面貌。良好的形象能增强自信，从而更好地应对工作挑战。同时，在工作中，可以及时调节自己的情绪保持积极的心态，通过正向思维化解困难，营造积极向上的氛围。

第二，爱在胖东来，是胖东来对员工的爱，是对员工全方位的呵护与关怀。

首先，在薪酬待遇方面，胖东来毫不吝啬。给予员工高于同行业水平的工资，让他们的付出得到充分的回报。这不仅是物质上的保障，更是对员工价值的认可。员工们无须为生活的压力而焦虑，能够全身心地投入工作中。

其次，注重员工的培训与发展。提供丰富多样的培训课程，帮助员工提升专业技能和综合素质。无论是新入职的员工，还是资深的老员工，都有机会不断学习和进步。同时，胖东来还为员工搭建了广阔的晋升平台，只要有能力、有梦想，就有机会在企业中大展身手。

再者，营造舒适的工作环境。胖东来的工作场所整洁、明亮、温馨，设施齐全。员工休息区配备舒适的座椅、免费的饮品等，让员工在工作之余能够得到充分的放松。此外，公司还关注员工的身心健康，定期组织体检、举办健身活动等，让员工拥有健康的体魄和积极的心态。

第三，爱在胖东来，是对顾客的爱，体现在每一个服务细节之中。

从进入商场的那一刻起，顾客就能感受到胖东来的热情与关怀。宽敞明亮的购物环境、整齐有序的商品陈列，让人心情愉悦。导购员们面带微笑，耐心地为顾客解答各种问题，提供专业的购物建议。

在商品品质方面，胖东来严格把关。只选择优质的供应商，确保商品的质量安全可靠。对于生鲜食品，更是做到了新鲜、美味。顾客可以放心地购买，无须担心质量问题。

胖东来还提供了众多贴心的服务。比如，免费的存包服务、母婴室、儿童游乐区等，为顾客带来极大的便利。同时，实行无理由退换货政策，让顾客购物无忧。即使是顾客的一个小需求，胖东来也会尽力满足，真正做到以顾客为中心。

案例：

顾客在胖东来的商场买了一碗炸酱面，付完钱后，工作人员给了顾客一个提示器，提示做好后顾客去取餐。顾客取完餐后还想买饮料，所以暂时把面条保存在了柜台，等顾客排队买完饮料回来取餐时，发现因为时间久了，面条已经坨了，工作人员非要给顾客重新做一份面，顾客不好意思地抢过面，匆忙跟工作人员说不用了就走了。

这是多么贴心的服务，甚至考虑顾客吃面的体验感。顾客很感动，感到被尊重、被关心，感受到了胖东来用心对待顾客、用爱关心顾客的服务。

胖东来的每个人都在发自内心地爱顾客，每个人都是为了顾客好。为了大家好，才能做好一件事；有了好的发心，才能通过文化起底、氛围带动、机制践行、标准执行、制度制约，流程复刻一个有血有肉的团队，去更好地服务顾客。

第四，爱在胖东来，是对产品的爱，要视产品如生命。

"产品是有生命的，我们要用心呵护它。"胖东来不是单纯地把产品当作盈利工具，而是赋予产品"生命"这一鲜活概念。公司从产品采购源头把控品质，比如采购水果时，会严格筛选，拒绝有瑕疵、不新鲜的水果；在仓储环节，会根据不同产品特性，调节温度、湿度，比如为奶制品提供适宜的冷藏环境；在陈列环节，轻拿轻放，合理布局，让产品以最佳状态呈现在顾客面前。整个过程都像呵护生命一样细致入微。总之，用心呵护产品，做好产品就是对顾客最好的服务。

第五，爱在胖东来，是对社会的爱。

胖东来积极承担社会责任，传播温暖与希望，让城市更美好，让社会更美好。企业自成立以来，就积极参与社会公益事业，每逢天灾人祸，都会捐款捐物。比如，"非典"时期捐款800万元；汶川地震后，不仅组织人手赴灾区前线参与救援，还捐款600万元、捐助物资价值180多万元；"新冠"肺炎疫情期间，捐资5000万元；为新乡水灾捐资1000万元；等等。

易钟观点：

胖东来的每一个岗位都是创造爱的使者、分享爱的窗口、传播爱的平台。

心链接：

我有一句口头禅，叫作"看看别人想想自己"。也许有人说自己是做健康产业的，胖东来跟自己有什么关系呢？有人说自己是做酒店行业的，胖东来、海底捞跟自己有什么关系呢？

> 我们跟标杆、学标杆、做标杆，是为什么？大家可以想一下，现在各行各业有边界吗？其实没有。千万不要说，你是大健康行业就只做大健康，你是酒店行业就只做酒店，你是建筑行业就只做建筑。现在是行业无边界，各行各业其实都在做"服务"。
>
> 我辅导了很多酒店类的企业，我发现现在的酒店行业不仅是服务行业，也是"大健康"产业，同时我认为大健康产业也是服务行业。为什么呢？在我们的认知当中，酒店行业最多是一个大服务行业、住宿行业，怎么可能变成大健康产业呢？大家想想，我们到餐厅吃饭，吃的食品是不是要健康，要安全？晚上睡觉，睡眠质量是不是也要健康才行？酒店行业也倡导健康生活的理念，现在有各种康养酒店、养生酒店、绿色酒店等，都是在围绕"健康"布局。

2. 胖东来文化的发展轨迹：从萌芽到繁盛

胖东来以其独特的魅力和卓越的经营理念闪耀着光芒，这背后都有企业文化理念为其指明方向。回顾胖东来的企业文化发展历程，我们可以清晰地看到它经历了几个重要的企业文化发展阶段。

1995年，于东来提出"用真品换真心"。胖东来于1995年成立，当时叫望月楼胖子店。为什么于东来在1995年会说么说？30年前，假烟、假酒还是比较多的，于东来说，如果顾客在他那儿买到假货，可以换，并且假一罚十。胖东来从此树立对商品品质的初步追求，用真品换真心，力求为顾客提供货真价实的商品。

1997年，胖东来提出"创中国名店、做许昌典范"的发展目标，这为后续的企业文化发展奠定了方向，开始有了明确的企业追求和定位。

1998年，胖东来提出"做经营要抱吃亏的态度"。在与顾客的交往中，胖东来始终坚持以顾客为中心，宁可自己吃亏，也不让顾客受委屈。比如，当出现商品质量问题或服务不到位的情况时，胖东来会主动承担责任，积极采取措施解决问题，而不是推诿扯皮。比如，顾客在胖东来购买的食品出现质量问题，胖东来不仅会给予赔偿，还会对整个批次的商品进行检查和处理，确保类似问题不再发生。这种勇于担当的态度，让顾客感受到了企业的诚信和责任感。

在对待员工方面，胖东来也秉持着"遇事抱吃亏态度"的理念。企业为员工提供了优厚的福利待遇，包括高工资、高奖金、良好的工作环境和丰富的员工活动等。这些待遇远远超过同行业的平均水平，虽然增加了企业的运营成本，但激发了员工的工作积极性和创造力，提高了员工的忠诚度和归属感。

当员工在工作中出现失误或错误时，胖东来不会一味地批评和惩罚，而是会给予员工改正的机会，并帮助他们分析问题、总结经验教训。这种宽容的管理方式，让员工感受到了企业的关爱和支持，也增强了员工的自信心和责任感。

1999年，胖东来提出"不满意就退货"。经过几年的发展和对市场的深入理解，胖东来意识到顾客在购物过程中不仅关注商品的质量，还对购物体验和售后保障有较高的期望。这一举措打破了传统商业中退货难的局面，让顾客在购物时没有后顾之忧，增强了顾客对胖东来的信任和认可。

2000年，胖东来提出"开心购物胖东来"。胖东来通过提供优质商品、营造舒适环境、提供贴心服务和举办丰富活动等方式，为顾客带来了愉悦的购物体验，让顾客在胖东来购物成为一种享受。

2003年，胖东来提出要"做世界的品牌，做文明的使者"。胖东来的格局打开了：做世界的品牌意味着要有高品质的商品和服务，胖东来通过提供优质的商品和卓越的服务，在全球范围内获得认可。做文明的使者，是指胖东来通过自身的实践和示范，向其他企业和从业者展示了如何在商业活动中实现经济效益和社会效益的双赢。一个老板刚开始创业，也许格局不是很大，但是在不断发展中，格局会越来越大，高度也越来越高。

2006年，胖东来提出"公平、自由、快乐、博爱"。公平体现于对待员工、顾客和合作伙伴一视同仁，在商业交易和企业管理中追求公正平等。自由意味着为员工创造宽松的工作环境，让他们能充分发挥自己的才能，也给予顾客自由选择的空间。快乐既包括让员工在工作中感受到快乐，以积极的心态服务顾客，也致力于为顾客营造快乐的购物体验。博爱则体现在积极承担社会责任，关心社会、关爱他人，对有需要的群体给予帮助和支持。

2008年，胖东来提出"爱在胖东来"。这体现了胖东来独特的企业文化和经营理念，也传递出一种积极向上的价值观。它鼓励人们在生活中传递爱、分享爱，营造一个更加美好的社会环境。

2012年，胖东来提出"商品的博物馆，商业的卢浮宫"。首先，博物馆体现胖东来的商品种类极其丰富，一些小众商品也能在商场里找到，可以满足消费者的各种购物需求，全面性和稀缺性兼备。其次，胖东来的商品陈列具有艺术感，似卢浮宫，商品的陈列经过精心的设计和布局，使商品的展示如同艺术品展览一般。同时，胖东来还会进行场景化的陈列，为顾客营造出特定的购物场景，增强顾客的情感体验。

2016年，胖东来提出了"创造爱、分享爱、传播爱"。胖东来为员工创造良好的工作环境和发展机会，给予其关爱与尊重，激发员工的积极性和创造力，这是创造爱。

同时，优质的商品和服务，将爱传递给每一位顾客，在商业活动中展现人文关怀，这是传播爱。胖东来积极参与社会公益事业，关心弱势群体，与社会共享企业发展成果，把爱分享出去，为构建更美好的社会贡献力量，这是分享爱。

2019年，胖东来提出了"自由·爱"。胖东来培训指导手册《幸福生命状态》（2024版）中重新解释了"自由"："人生而自由，唯有独立的人格、自由的精神，才能成就健全、健康、个性的生命。

精神自由是生命健康之本，精神束缚是最大的疾病之源。人必须从各种各样的束缚中（爱情、家庭、名利等）解脱出来，用科学的方法实现精神自由，让生命时光真正属于自己，活出轻松、阳光、个性的生命状态！如果环境给予不了自由，学会享受个人环境的自由，这也是智慧。"

可以看出来，胖东来的文化理念每年都在升级迭代。

我们今天再去胖东来，除了看到"自由·爱""爱在胖东来"，还能看到"发自内心的喜欢高于一切"。这是他们对员工的一种要求：发自内心。我们只有发自内心才能讲善良，讲用心，讲真诚。真诚才是营销的必杀技，真诚才是服务最好的名片。

> **思考与实践：**
>
> 你的企业发展到今天，企业文化有没有随着发展阶段的不同不断升级迭代，还是永远老一套？可以试着总结一下自己企业的文化发展脉络。

二、重塑企业文化视野：开启企业发展新篇章

在胖东来的各个门店，顾客走到哪里都能看到"自由·爱","真正的幸福，是状态而非心态"（见图2-3）。它在给顾客传播自己的企业文化，传播它的爱、它的自由和它的真诚。

图 2-3　胖东来门店中随处可见的标语

将心比心：胖东来的服务精髓

　　胖东来把自己的企业定位为一所学校（见图 2-4）。既然想成为一所学校，就离不开对员工的培养、教育，与顾客共享、共成长。胖东来的新老员工对核心文化理念烂熟于心。胖东来的每一个企业文化理念必须要培训，并进行考核。

　　到底什么是企业文化？我经常出去讲课，发现大家都在讲企业文化，但是不同老板对企业文化的理解和认知是不一样的。那到底什么是企业文化呢？

图 2-4　胖东来是一所学校

1. 卓越企业文化的力量：企业成长的隐形翅膀

中共中央办公厅、国务院办公厅曾在2017年印发《关于实施中华优秀传统文化传承发展工程的意见》，里面提到："文化是民族的血脉，是人民的精神家园。文化自信是更基本、更深层、更持久的力量。中华文化独一无二的理念、智慧、气度、神韵，增添了中国人民和中华民族内心深处的自信和自豪。""中华文化源远流长、灿烂辉煌。在5000多年文明发展中孕育的中华优秀传统文化，积淀着中华民族最深沉的精神追求，代表着中华民族独特的精神标识，是中华民族生生不息、发展壮大的丰厚滋养，是中国特色社会主义植根的文化沃土，是当代中国发展的突出优势，对延续和发展中华文明、促进人类文明进步，发挥着重要作用。"

对于一个企业来说，企业文化具有不可替代的作用，是企业成功的关键因素之一。企业文化是一个组织由其价值观、信念、仪式、符号、处事方式等组成的特有的文化形象，简单而言，就是企业在日常运行中所表现出的方方面面。它不仅是企业的精神面貌，也是一切经营活动的准则和指导思想。企业文化的重要性体现在以下几个方面：

导向作用：企业文化可以引导员工的行为和价值观，使员工更好地为企业的发展目标努力。

激励作用：企业文化可以激发员工的积极性和创造性，提高工作效率和工作质量。

凝聚作用：企业文化可以增强员工之间的凝聚力和向心力，使员工更容易团结一致，共同为企业的发展而努力。

约束作用：企业文化可以对员工的行为和态度进行约束和规范，使员工更好地遵守企业的规章制度。

塑造形象：企业文化可以塑造企业的整体形象和个性，使企业在激烈的市场竞争中脱颖而出。

企业文化的形成与发展是企业稳定发展的重要保障，可以激发员工的积极性、创新精神，使企业发展更加有序。同时，可以提高企业的综合竞争力，增加企业的吸引力，增强企业的凝聚力，促进企业的发展，提高企业的品牌形象。企业文化反映的是企业的精神面貌，是企业员工共同遵循的价值观，是企业发展的灵魂和动力。

企业无论大小，都有文化，关键在于这些文化是否符合企业发展需求，是否需要去深化、改造、优化，从而让企业的文化更有利于企业的发展。因此，加强企业文化建设对于企业的发展具有重要的意义。企业应该从自身的实际情况出发，建立和弘扬适合自己的企业文化，激发员工的积极性和创造力，推动企业不断向前发展。

一年企业靠运气，十年企业靠经营，百年企业靠文化。企业不光要经营、盈利，还要拥有自己的品牌、自己的企业文化，这样才能长久发展，从而创造出更大的利润！

企业文化究竟由哪些内容组成？企业文化的核心层次是精神文化层，中间层是制度文化层，最外层是物质文化层。

精神文化是企业文化的核心，包括企业使命、企业愿景、企业价值观、企业精神、企业作风、企业倡导的经营理念等。

制度文化就是企业的各项规章制度，以及员工的行为规范。它强调的是怎么通过制度和规范约束所有的员工，把精神文化渗透到员工的思想中，使企业上下对文化形成统一理解。

物质文化包括企业的建筑物、品牌、LOGO、色彩、各种装饰等表层文化。

企业文化各层次之间相互依存、相互影响、密不可分。精神文化是企业文化的核心部分，一旦形成，就处于比较稳定的状态，决定着制度文化和物质文化。精神文化直接作用于制度文化，通过其影响物质文化，而物质文化又可以体现和实践精神文化和制度文化。除此之外，物质文化、制度文化还能直接影响员工的心理、思想和感情，促进企业价值观、道德规范和企业精神的进一步成熟、完善和定型。

案例：

江苏徐州迪家餐饮企业管理有限公司的企业文化

使命：让主题喜宴融入千家万户

愿景：成为行业主题喜宴最具文化特色的品牌

战略目标：成为徐州主题喜宴第一品牌

价值观：真诚，真心，真爱

经营理念：以人为本，诚信经营

> 企业精神：成人达己，众志成城
> 服务理念：暖心迪家，温情服务
> 工作作风：全心以赴，势必达成

（1）文字内容化作行动

从老板的角度来看，企业文化可以理解为：把对企业的文字描述化作行动，就是企业的文化。我们讲企业文化，不能只是嘴上说，也不要去想象化，更不要只是写下来，而是要落实在行动上。胖东来认为企业文化不是说出来的，是干出来的。胖东来会玩能干，就是把对企业的文字描述化作行动。

案例：

河南许昌瑞贝卡大酒店的一位顾客通过航空快递邮寄了一封表扬信，热情赞扬酒店保安员夜班期间对他的悉心照顾，给了他家人一样的感觉。顾客说自己经常出门在外，这种细微之处的服务还是首次遇到，感谢酒店的温情陪伴，让他有了一次愉快的出差旅途。

接到表扬信的时候，酒店人员方才知道有这么一回事儿。经过核实，给这位顾客提供服务的是保安领班小王。那天小王是夜班，巡楼时发现顾客郝先生由于饮酒过多身体严重不适，躺在了9楼电梯室前。小王亲切询问事情原委后，将他送回自己的房间，及时端来热茶让他醒酒，还把吐得满是污秽的衣服整理好，让客人感觉很亲切。

巧的是，第二天早晨郝先生因为要赶飞机起很早，出酒店时再次遇到还没有下班的小王，小王微笑着问候他的身体状况，还帮忙拉行李箱、拦出租车，这种热情和细心，再次让客人感动。郝先生回去后，专程写了一封感谢信寄到了酒店。

保安小王正是在践行酒店"向美而行，为爱停留"的企业文化，将文字内容化作了行动，用心服务顾客，为顾客传递爱与感动。

（2）员工行为直接反映企业文化

走到海底捞的门店，你会发现它的员工，眼观六路，耳听八方，员工随时都在忙碌，随时都在主动向你问候，与你沟通交流。

案例：

我第一次去海底捞，等了半个小时，也没轮到我，于是我迈开步子，走到电梯那里，按了电梯门，准备走了。等电梯门打开，我正想往电梯里走的一刹那，门口擦皮鞋的员工就迎了过来，说："先生，您好，方便我帮您擦一下皮鞋吗？"我看他面带微笑，彬彬有礼，满面春风，还露出八颗牙齿的样子，就说可以。我坐下来，他就开始很用心地给我擦皮鞋，并跟我寒暄："先生，请问怎么称呼？"我说我姓易。"易先生，很高兴为您服务，易先生是第一次来海底捞吗？"我说是的。他接着问了我一句："易先生，您知道我们企业的文化吗？"

一个优秀的企业，包括员工，懂得随时随地传播企业的文化。

我马上问："企业的文化是什么？"他说："我们的服务文化就一句话，传递一份感动。"我一愣，心想一个擦皮鞋的员工，在跟顾客寒暄的时候都能讲出企业的服务理念，不容易啊。接下来，他又问了我第二个问题："易先生，您猜，刚才您正准备进电梯那一刹那，我为什么把您请回来了？"我又愣了一下，我怎么也没想到他会问我这个问题。

大家猜猜接下来他会怎么说？刚才这位员工分享了企业的服务理念：传递一份感动。潜台词是，我走了，还能感受到他的用心吗？

正是因为他的用心把我留住了，我后来才写了一本书《海底捞的秘密》，我才不止一次走进海底捞；正是因为他把我留下来，我才会用心关注、用心解读，解码这个企业。当我研究海底捞的时候，我总结了一句话：为什么一个擦皮鞋的员工，都在用心把自己的顾客留住呢？请大家记住一句话：留住顾客就是利润。

海底捞从店长到员工，他们每天都问自己一句话：我今天留住了几个顾客？这叫"留住顾客的意识"。

易钟观点：

留住顾客就是留住利润。

大家不都在讲服务意识吗？基层的一个普通服务人员、营销人员，都在想着通过自己的用心服务留住顾客。所以留住我这个顾客，正是这个擦皮鞋的员工在践行他们企业的文化。他是不是在我面前装出来的？不是的，他习惯了，他每天都这么做，他留住顾客是一种习惯，企业文化就是员工每天的行为习惯，员工行为直接反映企业文化。

（3）顾客感受、体验到的才是文化

从顾客角度来看，顾客感受、体验到的才是文化。顾客来到我们的门店，感受到了员工积极向上、阳光热情的美好状态，看到了我们的形象和行为，他在体验我们的文化，他感受到了我们的文化。

案例：

有一次，一位顾客去胖东来购物的时候手滑打碎了一瓶辣椒酱。当时，看着一地的辣椒酱，顾客都蒙了。旁边的工作人员看到后马上赶了过来，顾客还想着怎么跟他们沟通赔偿，没想到胖东来工作人员的第一反应是先询问顾客有没有划伤，然后跟顾客说不用赔偿，也不用管地上的这些东西，尽管去继

续购物，他们来处理就行。本来是一件让大家都觉得很难办的事情，没想到他们会处理得这么轻松自然，这件事情令顾客印象特别深，并且后来对胖东来一直保持着内心深处的高度认可。

一个小故事让我们感受到了胖东来对顾客阳光、热情的美好状态，也真正让我们感受到，他们一直在践行和传播胖东来的文化理念。

四川有一家知名的酒店集团——四川尚锦酒店集团，其董事长曹洪明先生在10年前就听过我的课，后来请我帮他提炼企业的服务理念。

我当时问他，关于开酒店，他倡导什么。他说他作为老板，很希望顾客到他的酒店之后，像回到家一样，员工像顾客的家人一样。他对员工也像亲人一样。我帮他总结了一句话："情满尚锦一家亲。"这句话把他的品牌也融进去了。后来我不管走到他哪家门店，都能看到这句话。

图2-5是我到酒店入住时所办的房卡。房卡上都在传播服务理念：我们一般住的酒店，房间号都是数字，但是我作为老顾客，他们给我设计的房间号不是数字，而是"易府"，是给我量身定制的。我作为顾客，已经感受到、体验到了他们的文化。而且房卡背面，也在传播酒店服务理念"情满尚锦一家亲"。那想想你的企业，有没有针对老顾客定制的特别内容呢？

（房卡正面）　　　　　　（房卡背面）

图 2-5　个性房卡袋

2. 企业文化建设的常见误区：避开陷阱，稳健前行

各行各业都在做企业文化，大家都知道企业文化的重要性，但是在企业文化的建设过程中，很多企业往往误以为喊喊口号、搞搞活动，甚至跳跳舞就是企业文化，这是一种片面的认知。只做这些，会种花不得果，没有持续性，会导致企业的团队凝聚力、执行力毫无改善。我总结了企业在文化建设过程中的几个误区及问题，供大家思考。

（1）文化就是喊口号

现在很多企业对企业文化有着错误的认识，他们认为天天喊口号就是企业文化。其实不是的。现在很多企业都有自己的企业文化，列出了企业的使命、愿景、价值观等。但如果让他们随便找个员工问一下，员工能回答出来企业的文化是什么吗？普通员工想的可能是：这个企业文化，第一我记不住，第二跟我没有直接的关系；公司在制度方面、在文化方面、在其他方面，都没有让我感受到。

很多企业所倡导的价值观，就是两张皮，喊的口号是口号，员工做事又是另外一种做法。

（2）文化体现在外部环境

建筑外观高端大气，办公、购物环境舒适优美，是不是文化的体现？这些也是，但仅仅是一部分。文化更在于服务流程的精心设计，每一个环节都应体现出专业与贴心，让顾客从进店到离店都能感受到无微不至的关怀。文化还在于对员工素养的培育，员工应具备良好的沟通技巧、应变能力和敬业精神，以热情、友善和高效的服务迎接每一位顾客。

同时品牌形象的塑造也很关键，企业通过独特的标识、宣传口号和品牌故事，传递企业的核心价值和特色，在顾客心中留下深刻而美好的印象。

企业文化建设也体现在其社会责任与担当方面，企业可以积极参与环保行动，支持当地社区发展，展现出企业的社会责任感和良好形象。

案例：

江西赣州南康大酒店拥有系统的企业文化并且积极推动企业文化落地。酒店所有员工秉承着"百年大酒店，亲情一家人"的服务理念，致力于为每一位顾客"创造感动、缔造惊喜"。

南康大酒店注重对员工的培养，拥有完善的培训体系。酒店培训计划包括新员工入职培训、岗位技能培训、安全教育培训、英语培训、德育培训、外派培训、外请讲师培训，等等，方式灵活，依据酒店不同发展时期不断进行课件更新，以培训提素质，以素质带服务，以服务促效益。

酒店致力于为员工物质和精神的双幸福而努力，用心关怀员工，并着力提高员工文化生活质量。在抓好经营管理的同时，经常组织丰富多彩的文化娱乐活动，如运动会、读书会、棋牌赛等，让员工在活动中增加技能、提升修养，使得团队氛围温暖如家。酒店关爱员工，在各节假日都会为员工提供节日慰问礼品，员工生病组织探望，家中有困难酒店给予帮扶，夏天高温、冬日严寒会给员工安排凉茶或者火锅，接待高峰期员工餐会有加餐加水果等措施，使得酒店就像一个大家庭。

酒店自开业起就成立了自己的义工队，积极开展各类公益活动，如植树造林、清扫公园、为环卫工人送爱心早餐等，坚持爱心帮扶，承担社会责任，增强员工感知幸福及帮助他人的快乐。在经营的过程中，酒店从根本上关注顾客需求，设计惊喜服务、感动服务，进行亲情化服务延伸，用真情赢得宾客的钟情眷顾。酒店宾客满意率也一直保持在较高水平，在携程旅行网、大众点评网上，多年综合评分保持在 4.8 分以上。每年收获客人书面表扬信 1000 多封。

（3）文化就是搞搞活动

很多企业搞文化建设，就会举办一些活动，比如团建、开运动会等。但企业文化不能只局限于活动中，仅停留在表面的活动形式上，而是应该将企业所倡导的文化理念融入日常的经营管理、员工行为及企业决策的方方面面。

真正的企业文化践行，需要高层领导以身作则，通过他们的言行传递核心价值观；需要在招聘环节选拔与企业文化契合的人才；需要在新员工培训中强化文化理念，让员工深入理解并认同；还需要在绩效考核中体现对企业文化践行的评估。

案例：

我来到胖东来的眼镜店，看到一个工作人员正在耐心帮顾客试戴隐形眼镜，忙完后，看我走上前，她马上面带微笑迎上来说："先生您好，请问有什么可以帮您的？"我跟她说眼镜架坏了，想换一个新的。这位工作人员非常耐心地帮我找相配

第二章 | 探索胖东来之道：铸就企业文化之魂

的眼镜架，但是找了一圈没找到。她说："先生，因为您的眼镜是打孔镜片，目前匹配镜片的镜架我们店里暂时没有，您如果不着急的话，我们在其他店帮您再找一下，您看行吗？"

这个案例讲到这里，大家想到了什么？"这个产品，我的店里没有，但是我发自内心地想办法帮顾客解决这个问题。"这就让我想到胖东来的一个文化理念：发自内心的喜欢高于一切。从新员工开始，胖东来就在发自内心地培养员工的这份热爱、喜欢和专业，既然在胖东来工作，就要爱顾客，爱同事，爱自己。

同时，我还看见这位工作人员胸前挂了一个牌子，上面是胖东来的企业文化理念（见图2-6）。了解之后，我知道这位工作人员刚来一个月，是一位新员工。一个新员工来到企业，首先学习的是这个企业的文化。为了方便他们更快速、方便地记住，并践行企业文化，胖东来做了这个牌子。

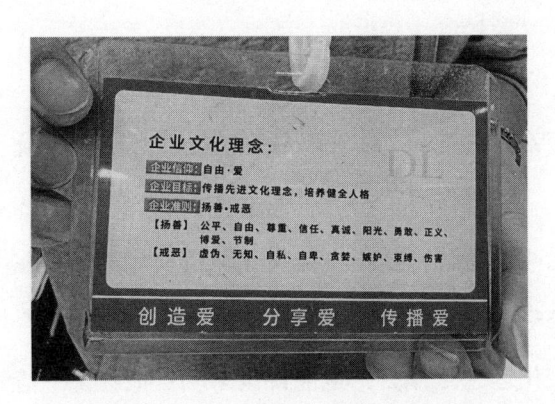

图 2-6 胖东来的企业文化理念牌

只有企业文化真正成为全体员工共同遵循的行为准则和价值取向时，才能发挥其凝聚人心、激励创新、塑造品牌等重要作用，推动企业实现可持续发展。

总之，胖东来的成功告诉我们，企业文化绝不是搞搞活动那么简单。真正的企业文化是一种深入企业灵魂的价值观和行为准则，是员工的工作状态，体现在企业对员工、顾客和社会的持续关怀和责任担当中。我们只有将企业文化真正融入企业的日常运营和管理中，才能打造出一个具有强大凝聚力和竞争力的企业。

> **易钟观点：**
>
> 企业文化绝不是搞搞活动那么简单。真正的企业文化是一种深入企业灵魂的价值观和行为准则，是员工的工作状态，体现在企业对员工、顾客和社会的持续关怀和责任担当中。

3. 企业文化落地难题：探寻破解之道，实现文化生根

什么叫不落地？是指企业文化只摆在表面，挂在墙上，说在嘴上，写在书面上，就是没有行动。你去问门店的销售员，企业倡导的核心文化理念是什么，他能说出来吗？他会说不清楚。你问企业的使命有吗？员工说没有吧，不知道。这应该是很多企业的现状。

也许老板知道企业的核心文化理念,为什么员工就一问三不知呢?我们常说知信行:首先是知道,通过企业文化培训灌输、传播,先让员工知道企业核心文化理念;然后通过领导以身作则、氛围营造,让员工相信这样做就是对的,充满信心,用心做最好;从理念到信念形成习惯,最后在行为、行动上体现出来。这叫内化于心,外化于行。

那文化如何落地呢?我一直从事服务行业,在长期的咨询工作中,总结了五点,供大家参考。

(1)企业领导以身作则

企业文化落地一定要领导以身作则,就是领导要起到表率作用。不能"只许州官放火,不许百姓点灯"。如果只向员工灌输理念,领导者没有起到表率作用,没有以身作则,企业文化就是空谈。比如,规定早上9点上班,不准迟到,总经理却天天10点才到。比如,提倡节约,员工办公室的空调定时开关,总经理办公室,无论是否有人,空调都开着;比如,要求团结,领导层却天天钩心斗角,总经理猜忌店长,店长防范总经理……

(2)企业文化培训灌输

企业文化一定要有培训、灌输。企业里的每一个管理者都要不厌其烦地灌输企业的服务理念,将其落实到员工心中。海尔集团创始人张瑞敏在谈到文化理念灌输时说:高层领导就要像传道士一样,不断传播企业的文化。希尔顿酒店的文化是微笑文化,酒店创始人康拉德·希尔顿先生为了传播、灌输这一文化理念,每天都问企业的员工:你今天对客人微笑了吗?他经常说:无论饭店遇到什么困难,希尔顿酒店服务员脸上的微笑永远是客人心中的阳光。希尔顿酒店的所有管理者也天天问、日日说,不断灌输,最终将这一理念落实到了员工心中。微笑变成了希尔顿酒店员工的一种习惯,他们一见到客人就会微笑。如果有一天某个员工失去了微笑,我想他一定会认为自己不是希尔顿酒店的员工,甚至会觉得这是一种耻辱,觉得自己背叛了希尔顿酒店。如果员工心里的想法能上升到这一个高度,还愁服务文化不在员工的心中吗?关键是企业所有管理者是否能像希尔顿酒店的管理者那样从上到下,坚持天天传播、灌输。

(3)企业文化考核机制

企业文化一定要有考核机制。企业文化本身是长期工程,所以我们要不断地巩固企业文化。

举个例子,表2-1是胖东来的企业文化扬善评议表,有考评核心内容和考评得分,表中的内容是员工需要记住并领悟的,如果考核不通过,就会扣钱。文化不能只挂在墙上,说在嘴上,写在纸上,而是要记在心里,落实在行动上。既然要做文化,就要做文化理念的考核与评估。

第二章 | 探索胖东来之道：铸就企业文化之魂

表2-1 胖东来企业文化扬善评议表

序号	考评项目	考评核心内容	考评得分
1	公平	尊重自然法则，在此基础上让所有人付出和回报成正比	10 9 8 7 6 5 4 3 2 1
2	自由	以不违背法律和人性的道德标准为底线，以奖出善良和个性和个生命，每种物质的尊重和敬畏。在此基础上，从精神思想到行为自由	10 9 8 7 6 5 4 3 2 1
3	尊重	接受万事万物的本性，理解并共同崇善的方向发展，而不是指责	10 9 8 7 6 5 4 3 2 1
4	信任	相信、支持、成就、认可，最大程度地给予自己和他人成长和实现目标的机会	10 9 8 7 6 5 4 3 2 1
5	真诚	真实、坦诚地对己对人，不违心做人做事，拒绝虚伪	10 9 8 7 6 5 4 3 2 1
6	阳光	活出人性善良、美好的一面	10 9 8 7 6 5 4 3 2 1
7	勇敢	心底坦荡、正直，有强烈的正义感，敢于面对、接受、敢于主动承担，有解决问题的信心和决心，为了善良和信念无畏生死，永不退缩	10 9 8 7 6 5 4 3 2 1
8	正义	传播和保护正能量，控制自己的邪念，或在保护好自己的基础上，安全阻止他人的邪恶，从制度上保证每个人的人格、权益、尊严得到保护，不受伤害	10 9 8 7 6 5 4 3 2 1
9	博爱	基于平等与自由意志的"普世价值"，对自己、他人以及万事万物的爱，源于纯粹心灵无私、广泛、没有束缚的爱	10 9 8 7 6 5 4 3 2 1
10	节制	保持理性，任何事都在健康合理的范围内调整	10 9 8 7 6 5 4 3 2 1

065

(4)企业文化传播渠道与沟通环境

企业要创造良好的服务文化理念传播渠道与沟通环境，如配备口袋书、店报、板报、墙报等。比如，丽思·卡尔顿酒店的员工有一个随身法宝，就是一张随身携带的信条卡，上面列出了酒店的基本服务信条、员工承诺、座右铭、优良服务的三个步骤、员工基本守则20条共五个部分的内容让员工随时学习。我们可以打造"六个一"，即一本文化手册、一份文化报刊、一首文化之歌、一系列文化视频、一系列文化看板、一系列文化活动。通过这"六个一"外加文化考核，企业的文化会逐步落地，融入每位员工的心中，让他们能更好地服务顾客。

总之，企业要创造良好的传播渠道、沟通环境，为企业文化提供传播平台，从而不断将其灌输到员工心中。

(5)企业文化活动

企业文化一定要有文化活动来推动。这里的活动是指专门针对企业倡导的文化理念开展的活动，而不是所谓的员工日常娱乐活动。比如，香格里拉酒店的文化——殷勤好客香格里拉情，是如何灌输到员工心中的呢？他们的新员工在入职半年内，都要接受"香格里拉殷勤好客"服务文化的学习培训，还会开展相关活动来进行强化。

思考与实践：

员工入职后，企业花了多少时间来对其传播、灌输企业文化理念，企业都开展了哪些活动传播、灌输服务文化理念？结合文中五点内容，企业可以根据自身情况进行融入，助力企业文化传播与文化落地。

心链接：

下面是企业经常举办的五大文化活动，供大家参考：

文化艺术活动。如：企业运动会，员工书画、摄影大赛，员工企业文化案例征文活动，歌唱比赛，文化主题演讲活动，文化读书会，文化主题团建活动等。

文化关爱活动。如：新员工文化关怀活动、员工联谊会、员工集体婚礼、不同节日关怀活动、员工家庭亲子联谊会、员工生日会等。

企业经营活动。可以分为：安全类——安全知识竞赛、安全消防演习、突发安全事故预演等；技术类——服务技能比武、菜品创新擂台等；培训类——文化研讨会、文化大家谈、管理技能培训、服务礼仪培训、党团建设活动等；评比类——先进班组评选、管理精英评选、服务明星评选、文化大使评选等。

社会公益活动。企业每年每月开展的对内对外慈善活动或社会公益主题活动。

文化主题活动。结合企业的文化主题、产品主题、服务主题等开展的不同文化活动。

三、凝练文化精髓，传递企业之声

如何塑造企业的核心文化理念？

现在经济下行，市场"内卷"，更需要文化铸魂。我们要提炼企业的核心文化理念。

市场的卷，分为两种，一种是向下卷，一种是向上卷。向下卷是卷价格、卷成本；向上卷是卷文化、卷品质、卷服务，甚至是卷认知和思维，要越做越好。你的思想比别人超前，你走到哪里都是引领者，所以你要强大自己。现在讲文化、讲服务、讲品质就是强大自己。

> **易钟观点：**
>
> 你的思想比别人超前，你走到哪里都是引领，所以你要强大自己。现在讲文化、讲服务、讲品质就是强大自己。

一家企业要有一个最基本的核心理念，比如胖东来就是"爱在胖东来"。我在给企业做文化和服务顾问的时候，总结出了"金三角银三角"理论。"金三角"是指企业的愿景、使命、价值观，这是企业的魂；"银三角"是指企业精神、企业经营管理理念、企业服务理念。

1. 提炼企业核心文化理念：塑造企业独特灵魂

我去过很多企业，发现很多企业把愿景、使命、价值观搞混了，接下来我们看看到底什么是愿景、使命和价值观。

（1）金三角：企业的愿景、使命、价值观

金三角是指企业的愿景、使命、价值观。

· 企业愿景

什么是企业愿景？首先，企业愿景不是战略目标。企业的战略目标讲的是三五年要完成的任务，愿景是十年以上，企业未来要做什么，未来要发展到什么程度，未来要成为谁。比如很多企业的愿景是这么设计的："打造百年老店，做行业领导者""做健康产业的领军企业""做受人尊重的品牌"等，这是老板的思维，是站在企业的角度，这叫"成为什么"。

我们在提炼愿景时，常用的模板有：创……，做……，成为……，打造……。

- **企业使命**

什么是使命？愿景跟使命的区别是什么？愿景是站在企业的角度，企业未来成为谁？使命是站在顾客和员工的角度，老板的发心是什么：我为了什么？我为什么要创建这个公司？我为什么要创建这个产业？比如大家都说造福员工、服务客户、奉献社会、回报股东，这叫"为了什么"。

我们在提炼使命时，常用的模板有：为了……，推动……，让……。

- **企业价值观**

什么是企业的价值观？企业的价值观是为了实现使命和愿景，企业的所思所想；为了完成使命和愿景，团队要遵守的思想准则、价值体系。很多企业的价值观都有感恩、诚信、敬业、创新等字眼，这叫"如何去做"。

我们在提炼价值观时，常用的模板有：
诚信、协作、创新、用心……
感恩、责任、敬业、高效……
专业、专注、精心、精细……
向上向善、立德立人、敢为人先、诚信为本……
勤奋敬业、诚实正直、勇敢忠诚、乐观自信……

崇尚学习、积极进取、创新奉献、充满激情……

案例：

重庆市渝州宾馆企业文化金三角

愿景：百年渝州　国宾引领　全国领先　世界知名

使命：传递国宾文化　打造幸福企业

价值观：忠诚担当　感恩敬业　创新精进　团结协作

濮阳迎宾馆企业文化金三角

愿景：打造行业标杆，铸就百年企业

使命：亲情服务宾客，塑造龙都品牌

价值观：诚信、感恩、敬业、创新

思考与实践：

结合正文中讲到的要点，重新设计企业的愿景、使命、价值观。

企业愿景：_____

企业使命：_____

企业价值观：_____

（2）银三角：企业精神、经营管理理念、服务理念

"银三角"指的是企业精神、经营管理理念、服务理念。

• 企业精神

企业精神是指酒店倡导的伦理信念和共同信仰，在员工身上体现的作风和精神面貌。企业精神也是企业的风向标，指引企业前进的方向，同时可以统一员工思想，提高员工凝聚力。

例如，某企业的"三牛"企业精神：发扬不畏得失、为客服务的孺子牛精神，宾客至上记心头；发扬创新发展、敢为人先的拓荒牛精神，创新思想摆前头；发扬艰苦奋斗、真抓实干的老黄牛精神，责任担当扛肩头。

企业在设计企业精神时，首先可以结合企业品牌提炼企业精神。例如，全聚德企业精神：全而不缺，聚而不散，仁德至上。其次可以结合企业董事长思想提炼企业精神。最后还可以结合企业员工体现出的精神面貌来提炼企业精神，比如河南濮阳迎宾馆的企业精神"求真务实，敢为人先，守正出奇，追求卓越"。

我们在设计企业精神时，常用的词语有：诚信承诺，实干实效；精益求精，匠心传承；敢为人先，精进卓越；精心精细，向上向善；等等。

• 经营管理理念

经营管理理念是指在经营管理中，企业内共同的管理思想、指

导准则及信念，它决定企业经营管理的方向，也是企业经营管理的核心思想。

我们在设计经营管理理念时，常用的词语有：品质、诚信、精细，品质至上、客户第一，以人为本、服务至上，诚信为本、以诚聚人，等等。

案例：

濮阳迎宾馆的经营管理理念：
以顾客为中心，以员工为根本，树品牌，创效益。

天目湖宾馆的经营管理理念：
把客人当亲人，视客人为家人；
不求规模最大，但求品质最高。

• 服务理念

服务理念是指企业内外倡导的独特的服务价值主张，以及服务中遵守的信条和服务价值观。这也是企业服务的核心思想。

我们在设计服务理念时，常用的词语有：真心，真情，真诚；用心，精心，舒心；暖心，温情，浓情；关心，关怀，关注；惊喜，感动，细致；等等。

案例：

华天大酒店服务文化：

超越自我，服务创造价值

服务境界：华夏情怀，天上人间

服务理念：华开天下，温情如家

服务宣言：精致服务您的精致生活

服务价值：华天不因有我而多余，而因有我就不一样

对客服务四项标准：

1. 见到顾客先微笑，然后礼貌地打声招呼；

2. 用友善、热情的语气和顾客说话；

3. 迅速回答顾客问题，并为顾客找出答案；

4. 预计顾客需求，并主动为顾客解决问题。

思考与实践：

结合正文中讲到的要点，重新设计企业精神、经营管理理念和服务理念。

企业精神：_____

经营管理理念：_____

服务理念：_____

2. 提炼企业文化主张：明确价值导向，引领发展

何为企业文化主张？也有人会不知如何区分"文化主张"与"核心理念"。文化主张是企业的核心文化内涵，是企业的文化信仰，是企业核心精神的体现，就像一个人的座右铭一样。例如，有的企业主张创新，这意味着企业鼓励员工提出新想法、尝试新技术，推动产品或服务的更新换代。而核心理念是在文化主张的基础上解码的核心思想与行为准则。比如，许昌瑞贝卡大酒店的文化主张是"向美而行，为爱停留"。那么怎么体现美、怎么体现爱，就是他们要考虑的关键问题，他们后来提出了"四美四爱"："四美"，指环境美、产品美、服务美、心灵美；"四爱"，指爱自己、爱他人、爱工作、爱生活。

那么如何提炼企业的文化主张？

（1）从老板的思想哲学中提炼

我们可以结合老板的思想哲学来提炼文化主张。比如"爱在胖东来"，一定是于东来提出的。

我曾是中国酒店标杆企业江苏溧阳天目湖宾馆的企业文化总顾问，从2013年开始为他们做企业文化辅导。天目湖宾馆原先的酒店文化主张是"文化天目湖，百年创感动"，后来通过到胖东来进行深度学习，他们不断升级提炼，进一步总结完善了自己的文化主张，升级为"真诚爱·天目湖"。我们在"真诚爱·天目湖"的基础

上又进一步解码为"真诚待人，因爱幸福"，即真诚地面对顾客，发自内心地对待员工及身边的每一个人，关心、关爱他们，去建设幸福企业。"真诚爱·天目湖"，就是将老板的哲学思想升级为企业文化主张，并将其对内对外进行传播、践行。

（2）结合企业品牌来提炼文化主张

我也是重庆市渝州宾馆的企业文化总顾问，在为重庆市渝州宾馆做文化辅导的过程中，与他们高层领导共同研讨提炼出渝州宾馆的文化主张"心悦渝州，国宾礼遇"。因为渝州宾馆是重庆市第一国宾馆，并且有自己独特的"悦"管家服务品牌，同时结合国宾馆品牌，我们总结出了"心悦渝州，国宾礼遇"的文化主张。

（3）从核心服务理念中提炼

我们可以结合企业目前倡导的核心服务理念来提炼文化主张。例如四川尚锦酒店集团，对外传播的文化主张是"情满尚锦一家亲"。这也是企业的核心服务理念，他们用现有的核心服务理念作为自己的文化主张。

有了文化主张后，我们就要去解码并传播文化主张。

3. 解码并传播文化主张：让文化发声，传递企业价值力量

什么叫解码文化主张呢？就像"爱在胖东来"，不能只有这一

句话，还要解释怎么爱、爱有几层意思。比如胖东来倡导员工首先要爱自己，爱自己的话，要做一个健康的人。健康来自两个方面：第一个，要身体健康，给自己做好身体规划；第二个，要心理健康，达到什么状态才是心理健康。就这样一层一层解释，让员工都能明白。

解码之后，要把这些传播出去，传播爱，传播幸福，爱员工、爱顾客、爱社会。

（1）解码

如何解码文化主张？我在辅导企业的时候，会结合企业实际情况来构建"五个一"或者"六个一"。

案例：

我几年前到江苏无锡讲课，连续讲了两天，第二天晚上必须要回北京，订的是晚上 10:30 的航班。客户安排我简单用了晚餐，我就打车快速来到机场。上了飞机之后看到一句话：任何时候，自然体贴。这句话一看就是他们倡导的服务理念，他们能做到吗？

上了两天课，我还是很疲倦的，靠在座位上，不知不觉就睡着了。一般情况下，飞机平稳之后，空乘人员就开始送吃的喝的了。据我不完全统计，这个时候空乘人员看到乘客睡着了，一般会有四种表现：第一种，推着小推车，一看乘客睡着了，就走了；第二种，把乘客吵醒，问他吃点什么喝点什么；第三种，把乘客前面的小桌板打开，把吃的喝的放在上面就走了；第四种，看到乘客睡着了，他们会贴一张服务卡，给乘客盖上毯子。第一种不闻不问，第二种强行打扰乘客，第三种吃喝的东西很容易被打翻，都不是太好。第四种，就是深圳航空的做法。半小时后，我睡醒了，发现了服务卡和身上的毛毯，这些都表示他们已经来为我服务过了，真是"任何时候，自然体贴"。

为了做到自然体贴，深圳航空对这四个字进行了解码，提炼了"五个一"，即：一个微笑、一勺辣朋、一杯清茶、一式手语、一段健身操。

一个微笑，这个我们很容易理解。一勺辣朋，辣朋是辣椒酱，是深圳航空独创的产品。一杯清茶，指给有需要的旅客提供茉莉花茶。一式手语，是指乘务人员《感恩的心》手语表演。一段健身操，是指在两小时以上的部分航班上，乘务员会带领旅客做健身操，消除长时间飞行带来的疲劳。

那么我们究竟要如何解码文化主张及服务理念？下面的建议供大家参考。

第一，结合企业倡导的文化主张或核心服务理念，解码行为动作，即员工具体该怎么做。

第二，解码企业各部门、各岗位具体做法。

案例：

河南许昌瑞贝卡大酒店将"向美而行，为爱停留"的文化主张，进一步解码细化为"三四五服务体系"：

三个"凡是"：凡是客人看到的必须是整洁美观的，凡是提供给客人使用的必须是安全有效的，凡是酒店员工见到客人都必须是热情礼貌的。

四美四爱：四美，指环境美、产品美、服务美、心灵美；四爱，指爱自己、爱他人、爱工作、爱生活。

"五个一"服务：一个微笑、一句问候、一杯水、一分钟、一个惊喜。

河南仟那酒店的文化主张是"静下心，深睡眠"。有的顾客就在想，我也想静下心深睡眠，可是要怎么静下心深睡眠呢？河南仟那酒店就总结了"五个一"：叩一声鼓，燃一炷香，沏一壶茶，阅一本书，睡一个好觉。

宁波方太集团也非常注重文化建设，我专门到方太集团去考察学习了两次。他们的文化看板上写着"践行五个一，创造真善美"。这"五个一"是他们解码的内容，是他们提升员工个人行为的一个标准。那怎么解码呢？

第一个"一"，立一个志。上到董事长，下到每一个员工，都要给自己立一个志，就是个人的目标志向是什么。

第二个"一",读一本经。这个经不是天天看四书五经,而是每天学一个新的内容,哪怕是一句经典语录。

第三个"一",改一个过。每个人都有优点和缺点,思考一下自己身上有哪些缺点,每天去思考,每天在进步。

第四个"一",行一次孝。想想每年、每月甚至每周,能为父母家人做些什么。这是在培养员工的孝道、感恩之心。

第五个"一",日行一善。每天自己能够在哪些地方传递美好、善良和真诚,能给多少人提供帮助?

以上优质企业的案例,我们可以参考和借鉴,让每个员工从行为上,从自我认知上深入理解企业的服务理念。

思考与实践:

结合自己企业的实际情况,总结出服务理念,并解码细化服务理念。

企业服务理念:_____

解码服务理念:_____

(2)传播

好的企业文化也需要传播出去。在胖东来,除了员工会讲解企业文化,店内的企业文化海报、商品柜台(见图2-7)、服务卡、服务设施也都在向顾客传播自己的文化主张，甚至商品包装上都印着"自由·爱"的字样（见图 2-8）。

图 2-7　胖东来企业文化传播场景

图 2-8　胖东来包装上印着"自由·爱"

我们现在经常讲营销，大家认为最好的营销是什么？只有好服务才是好营销，好营销背后都是一串串好服务的故事，我们把这些服务故事都表现出来，就是一种文化传播。

未来的所有企业，不仅是在卖产品，更是在卖文化；顾客不只是在消费产品，更是在消费文化。一个好的公司，懂得用企业文化包装产品、包装企业。优秀的企业都懂得讲故事、讲文化，胖东来就是最典型的。你走在它的卖场，看不到营销海报，你看到的都是它的企业文化、它的故事、它的服务场景，这是最独特的。胖东来看见了企业文化的力量，用企业文化提升业绩。酒店行业也可以通过各种形式来传播自己的企业文化（见图2-9）。

图 2-9　某酒店企业文化传播场景

> **易钟观点：**
>
> 优秀的企业都懂得讲故事、讲文化，让大家看见企业文化的力量，用企业文化提升业绩。

同时，顾客也在帮胖东来传播它的文化理念，帮它营销。

现在你到许昌，只要你问老百姓，你会发现金杯银杯不如口碑，每一个消费者，每一个老百姓，都是胖东来的营销代言人、口碑宣传者，连出租车司机都在帮胖东来宣传。

我们组织第二期胖东来游学时，胖东来的顾客非常多。有的顾客竟然跟我们说："先生，你们从外地来的吧？我跟你说这边××商品特别好，我们经常买，我建议你可以带点回去。"这位本地的顾客在干吗？他不仅帮胖东来做营销宣传，更发挥了导购的作用。超市海鲜区，顾客在挑选时，避免不了会有些水滴到地上，胖东来的工作人员忙不过来，让人不敢相信的是，有的顾客竟然在帮胖东来擦地。这是我在全国其他超市见不到的。

胖东来的消费者已经变成它的工作人员、它的代言人，这不就是最好的营销吗？大家都在讲营销，最好的营销不是我们的朋友圈，而是顾客的朋友圈。走进胖东来的顾客，不管是外来的，还是当地的，随时都在帮胖东来进行营销和传播。

易钟观点：

跟企业接触的任何人和事都是企业的口碑宣传品。

思考与实践：

消费者来到你的门店，能不能看见你的企业文化主张？看到你的产品，能不能看到你的服务理念？看看你的门店，你的企业对内对外有没有传播你的文化主张？如果没有，可以结合自己企业的实际情况，参考表2-2文化铸魂思考提升措施表进行整合。

表2-2　文化铸魂思考提升措施表

主要环节	目前状况	提升方案	负责人	时间
文化理念				
文化主张				
文化传播				

第三章

深悟胖东来：
以员工为本，共筑幸福企业蓝图

胖东来创建公平、自由、尊重、信任、真诚的环境和体制，保障员工的生存需求，让每一个胖东来人能够体面、有尊严地生活。让员工理解并坚定信仰的价值和力量，从生存阶段走到生活阶段，拥有健全健康、自信阳光的人格和个性。培养大家开放、科学、富有创造性的思维状态，培养喜欢、专注、乐在其中的做事状态，培养热情、自由、享受的生活状态。

——摘自胖东来官网

第三章 | 深悟胖东来：以员工为本，共筑幸福企业蓝图

前文我们提到了胖东来的文化，大家已经感受到了胖东来爱的力量、文化的力量，以及他们创造爱、分享爱、传播爱的力量。我们也了解到胖东来员工的薪资待遇、各种福利十分优厚，更重要的是，胖东来注重员工工作和生活的平衡，给予员工充分的自由去安排工作时间，让他们能够在工作之余享受生活。我们从中能够感受到，胖东来是先做好了服务员工的工作，员工才会服务好顾客。同时在服务员工的基础上，胖东来也十分注重对员工的成长培养。接下来我们看胖东来是如何先服务好员工的。

将心比心：胖东来的服务精髓

一、员工幸福，顾客满意：企业成功的关键

1. 胖东来：员工细节服务的艺术

"从新员工开始，增强员工家庭感，打造幸福企业，先服务好员工，员工才会服务好顾客。"胖东来始终秉持只有给员工家庭感，才能让员工有幸福感，才能感动员工的理念。这让我想到了海底捞的一句话："感动的员工，创造感动的顾客。"

很多优秀的服务行业企业都在讲同样的问题。胖东来的服务对象是员工，员工的服务对象是顾客，他们将心比心，形成了一个良性循环圈。

🛒 **易钟观点：**

> 胖东来的服务对象是员工，员工的服务对象是顾客，他们将心比心，形成了一个良性循环圈。

第三章 | 深悟胖东来：以员工为本，共筑幸福企业蓝图

　　于东来很有魄力，他把营业场所的六层楼整层拿出来作为员工休息的地方。大家想想，一整层楼租金得多少钱？于东来却没有拿来作为经营场所，而是布置了员工的休息室、健身区、图书阅览室、咖啡室、茶室等（见图3-1、图3-2、图3-3）。休息室里给员

图 3-1　胖东来的员工休息室

图 3-2　胖东来的员工健身区

图 3-3　胖东来的员工图书阅览室

091

将心比心：胖东来的服务精髓

工配备了按摩椅，健身区有各种健康设施和玩乐设施，图书阅览室里有很多书可以看，还有茶室、咖啡室等，从中都能感觉到胖东来对员工的爱。

另外，保洁员要打扫比较低处的卫生时，不是蹲着，而是坐在特制的小椅子上，椅子装了滑轮，保洁员可以滑着打扫卫生。他们改良、优化了工具，这种细节，体现了他们是如何关爱员工的。

图3-4显示的是胖东来的收银员脚底下踩了一个防滑垫。为什么？当然是想让员工站得更舒服。因为地板很硬，加了这种软的防滑垫，员工就没那么累。而且旁边有椅子，不忙的时候收银员可以坐着，不用整天站着。

图 3-4 收银员脚下的防滑垫

这些细节说明胖东来时刻站在员工的角度思考如何关爱员工。很多企业也讲细节服务，认为"管理无大事，服务无小事，不管多小的事，在顾客眼里都是大事"，但这些都是针对顾客的。现在不妨思考一下，我们的企业对员工注重细节服务吗？我们要关注员工生活的点点滴滴、工作的点点滴滴。只有从小事做起，从细微之处做起，关注、关怀员工，我们才能赢得员工的心；我们用心对员工，做好细节服务，员工才会用心对顾客做好服务。

2. 构建全方位员工关爱体系

胖东来深知，员工是企业最宝贵的财富。只有让员工感受到真正的关爱，他们才能以饱满的热情和高度的责任感投入到工作中，为顾客提供卓越的服务。

首先，在薪酬福利方面，胖东来毫不吝啬。提供具有竞争力的薪资水平，让员工的付出得到应有的回报。

其次，胖东来高度重视员工的职业发展。完善的培训体系涵盖新员工入职培训、岗位技能培训、管理培训等多个层面。

再者，在工作环境与氛围营造方面，胖东来也下足了功夫。舒适的门店和办公区域，装修简洁大方，通风良好，照明充足。舒适的工作桌椅和先进的设备，让员工工作起来更加轻松高效。

接着，生活关怀与心理健康支持也是胖东来关爱体系的重要组成部分。生日祝福和礼物，让员工在特殊的日子里感受到浓浓的关爱。

最后，胖东来设立优秀员工奖、服务之星奖、创新奖等各类奖项，对表现突出的员工进行表彰和奖励。将优秀员工的事迹在企业内部进行宣传，树立榜样，激励其他员工共同进步。

胖东来每年会举办各种评比活动，进行各种机制的激励。其中"榜样的力量"也是他们会举办的一个活动。在"榜样的力量"活动中，我们能看到他们在传播这句话：用一生的爱去做自己喜欢的事。

胖东来有一个特别的奖项——委屈奖。胖东来的员工受到委屈，视情况大小补贴500~5000元。如果是人格尊严受到侵犯，最高可补给员工30000元。胖东来一直不避讳自己的问题，于东来说："我们是有责任的，越是有问题，越是在鞭策我们越做越好。"这个世界没有完美的企业，只有不断完善成长的企业，所以有问题不怕，怕的是出同样的问题。我们要不断地改进。

网友说："去胖东来上班，我就不要工资了，只要每个月可以委屈两次就行了，我求你让我委屈一次行吗？""他的委屈奖比我工资都高。"

可能有的企业预算不高，不能像胖东来一样补贴5000元，那补贴1000~2000元可以吗？有时候员工在工作中受了委屈，给予员工补贴，员工最起码会觉得领导是重视自己的。

案例：

江西赣州南康大酒店也关注到了胖东来在员工关怀方面的诸多暖心举措，并结合行业特点、自身情况，借鉴了胖东来的一些经验启发，对员工关怀制度与做法进行了升级。

一方面，酒店根据经营情况适时提高员工的福利待遇，并加强了员工培训，提升了员工的职业技能；另一方面，酒店从业人员的幸福感还来源于无处不在的关怀，于是南康大酒店设立了员工服务日和员工幸福日。

在员工服务日这天，会举办免费理发、免费看电影、带孩子亲子游泳，以及把酒店大菜带回家等福利活动，深受员工喜爱。在员工幸福日时，酒店会策划各种风情美食节，让员工不出家门就能品尝到丰盛的异域美食，增长美食知识。

同时，酒店还建立了员工沟通机制，每月定期召开新老员工座谈会，总经理与员工面对面交流沟通，收集员工意见和建议，不断优化管理措施，弥补酒店不足。酒店还对员工在店消费，以及员工结婚、亲属办喜宴等事项出台了特惠政策和关怀办法，不断围绕着"传递幸福"设计各项员工喜爱的服务项目和福利项目。

不要小看上面这些小事，这些点点滴滴都体现了企业对员工的那份爱心。大家可以思考一下，你的企业是否也可以设置一个服务日或者幸福日，不用一个月就有一天，一个季度有一天也行。

胖东来通过关爱体系，让每一位员工都能感受到家一般的温暖与关怀，都能找到自己的价值与归属感。这种关爱不仅体现在物质层面的优厚待遇，更深入到精神层面的尊重与支持。它激发着员工的无限潜能，让他们以更加饱满的热情投入到工作中，更好地对客服务。

> **思考与实践：**
>
> 你们企业在关怀员工方面都做了什么？
>
> 1. 请在纸上写出您对员工关怀计划的思考。
> 2. 对所写的员工关怀内容进行交流、答疑。
> 3. 对可操作的内容进行岗位落实。

二、新员工融入：幸福企业的起点

我们要想真正做好关爱员工，应该从哪里开始呢？从新员工开始。因为新员工是一张白纸，从他来到企业，我们就应该给他注入企业的精神灵魂。我们要注重对新员工的关爱，让新员工感受到企业大家庭的温暖。

案例：

一次，我去海底捞吃饭，和在我桌前服务的小张聊起了天。

我问她：看你工作这么努力，你一个月工资多少？

小张回答：工资不重要，关键是开心。

她的回答让我对她更感兴趣了：那如果我给你在现在工资

的基础上再加 500 元的话，你愿意去我那儿干吗？如果你干两个月，我给你再加 1000 元，把你升为领班。

小张回答：我们主管说了，工作能学到本领最重要，我刚开始做，还有很多没学会呢。

我又故意说：我说的都是真的，你要是去我那里工作，我保证兑现我前面说的话。

小张接着说：先生，谢谢你的好意，我下个月就有可能成为先进员工了。等我成为先进员工，我还能有 3 天的假期，可以把我爸妈带到北京，陪他们爬长城、逛故宫、去天安门，还能到东单、西单和王府井……

这是小张的原话，我还能把她带走吗？肯定不行了。这番话是主管告诉她的。也就是说，当她作为一名新员工的时候，她就被企业的文化所洗礼了。胖东来也是这样，从员工走进胖东来的第一天起，胖东来就在不断给他们讲自己的企业核心文化理念。

很多时候，你从外面挖的优秀人才到你公司一定优秀吗？比如胖东来的主管到你的公司，他一定做得优秀吗？不一定。因为文化不一样。企业人才不一定是社会人才，因为文化思想不一样，他过两天可能就会说：你这样做不行，胖东来是怎么怎么做的……这是文化产生了冲突。

案例中小张的最后一段话又在讲什么？其实是在讲一个员工的目标和梦想，也就是当我够优秀、当我成长到怎样的阶段时，我将获得什么。

大家思考一下，你的员工能看见未来吗？你的员工知道自己在公司工作半年、一年或者两年以后，会成长为怎样的员工吗？我常讲，有目标才能成功。一个优秀的企业讲愿景，一个优秀的员工讲目标。

> **易钟观点：**
>
> 有目标才能成功。一个优秀的企业讲愿景，一个优秀的员工讲目标。

员工如果没有目标感，就像在大海中没有航向标的水手一样，这样的员工能够变得优秀吗？

> **思考与实践：**
>
> 目前我们是如何服务和培养新员工的？结合以下三点，对照自己的企业，对服务关爱新员工进行落地与实施。
> 1. 请和你的团队写出目前服务及培养新员工的做法。
> 2. 对所写的服务及培养新员工的做法进行交流作答。
> 3. 对可操作的内容进行岗位落实。

新员工到一家企业，一般会经历四个阶段：

第一个阶段,叫陌生阶段。这时新员工还不太了解公司,跟团队还有疏离感,我们可以举办新人欢迎仪式,可以用多种方式,让他很快融入团队。第二个阶段,是培训阶段,也是信心培养期。此时,我们要对新员工做各方面的培训。第三个阶段,是建立目标阶段,我们要帮新员工建立工作目标、成长目标。第四个阶段,是感情增进阶段,即新员工关怀。

围绕这四个阶段,我们可以为员工提供哪些帮助、哪些服务呢?

1. 注重新员工欢迎方式:打造温馨的第一印象

一般迎接新员工的方式有哪些呢?以下这些方法,供大家参考。

可以运用电子屏幕。现在很多公司都有电子屏幕,但是大部分时间都是表现对客户的欢迎,其实也可以在新员工入职的时候,对其展示欢迎语。

发微信。同岗位的同事和主管可以给他发一条表示欢迎的微信。

设计温情卡片。尤其是有员工宿舍的,新员工来到宿舍,在枕头上,或者说在床上看到一张欢迎卡片,是不是会很感动?比如海底捞,他们会在员工宿舍贴一条欢迎横幅,或者贴一张卡片,写着"欢迎回家",或者在床尾贴一张新员工的照片,写一张欢迎卡等。

案例：

新员工小王，到公司不到两个月。这天，妹妹给她打电话说身体不太舒服，想让她请半天假带着自己去医院。小王就跟主管说了，主管让她赶紧去医院。小王带妹妹看完病，晚上又回来上班，当她回到宿舍的时候，看到床上放了一张卡片，上面写道：小王，你妹妹好些了吗？晚上记得吃饭。泡菜的资料我让小芳给你带过去，这两天你就不要太累了，别太着急。文字后面还画了两个笑脸。这一看就是她的主管兼师傅刘姐的字迹，小王感动得热泪盈眶。

欢迎方式再进一步，还有欢迎会。新员工欢迎会，对企业凝聚士气十分重要。我们可以在欢迎会上传递企业精神，让新员工感受到团队士气和氛围。

电视剧《士兵突击》里面有一个片段，就是为新加入钢七连的同志举行欢迎仪式。在仪式上，新兵许三多被告知，他是第4956名钢七连士兵，这支部队因战死沙场的英烈而无比自豪……他们的英勇牺牲铸就了连队的荣誉……希望和荣誉牢记在每个新兵心中，使钢七连成为记载着前辈功绩的年轻战斗部队。

这段话里包含了两个概念：第一个，找到自己的价值感，许三多是连队的第4956名士兵；第二个，每个人都要有感恩的心。哪怕那些人已经不在连队，我们依然把他们牢记心中，他们依然是连队的一分子。

对企业来说，这就是要让每个员工都了解企业发展到今天来之不易，企业不忘前人，他们为我们添砖加瓦，为我们做出了贡献，我们要有感恩之心，同时也明确地让新员工知道自己在企业里的位置，感受到自身的价值。

我真的希望我们的企业领导能够重视新员工欢迎仪式，让每一位员工、每一位领导，都能够心连心、手牵手，心中有阳光，一路向上。

心链接：

我们在新员工入职时，可以为他们提供表3-1中的各种材料，这能让他们更快融入公司。

表3-1　新员工入职所用材料表

序号	所用材料
1	公司基本信息
2	员工手册
3	新员工一卡通
4	致新员工的一封信
5	新员工培训总指南
6	公司级培训操作指南

此外，以下是四川绵阳海上海酒店管理公司总结的，新员工入职时，生活和工作方面常见的问题，供大家参考。

A. 生活类

（1）工作了一天，我的腿特别累，全身也很疲惫，怎么办呢？

答：每天下班后冲一个热水澡，再用热盐水泡泡脚，放松地睡一觉，第二天起来就好些了。如果你能坚持三个星期，你就胜利了！

（2）刚来对周围好陌生，想买生活用品，找不到地方。

答：把你的问题告诉你的师傅，或者是门店领班、经理、工会成员，他们会很热心地帮助你，因为我们是一家人。

（3）新的环境很不适应，生病了，想家了。

答：坚强一点，我们已经长大了，生病的时候一定要告诉我，我是你的师傅、领班和经理。

（4）东西丢了，心里很郁闷也很失望。

答：先想想有没有可能放在别的地方，并询问宿舍室长是否帮你收起来了。如果确实找不到了，请你告诉你的师傅、领班和经理。平时一定要记得保管好自己的贵重物品，东西按照规定存放。

B. 业务类

（1）顾客问了一个我不知道的问题，我该怎么办？

答：你完全可以很真诚、大方又得体地告诉顾客："对不起，我是新员工，这个问题不是太清楚，请您稍等一下，我一会再告诉您好吗？"

（2）我不敢和顾客交谈，不知道该说什么。

答：刚开始和客人接触，不知道该讲什么，可以对他们微笑。多观察你的师傅、你的伙伴是怎么做的，慢慢地，你就会找到感觉了，加油！

（3）要是我服务失误了，客人很生气，怎么办？

答：没关系，真诚地向客人道歉，并马上通知你的师傅、领班或者大堂经理，去看看他们是怎么处理的，下一次你就可以独立解决问题了。

（4）几个人同时安排我任务，我忙不过来了，事情也不好做。

答：遇到这种情况，你要学会分析哪件事情是最紧急的，根据情况安排时间，或者主动和你的师傅或者领班进行沟通，让他们了解你的工作安排。

> 思考与实践：
>
> 你的企业迎接新员工的仪式和方式都有哪些？能否让新员工感受到团队士气和氛围，从而有效融入？

2. 做好新员工培训：赋能成长，快速融入

新人到公司之后，部门领导要怎么做？要不要与新员工再次面谈？因为面试的时候除了工作方面的经历，其他方面可能没聊那么细，所以入职之后，部门领导最起码要进一步了解一下他的各种情况；接下来还要给他介绍同事伙伴，说明工作内容，介绍周边环境、工作环境，介绍相关部门，协助他进行有关培训和辅导等。

（1）新员工培训十个字

关于新员工培训，我总结了十个字，其实是五组词。

第一组，文化。胖东来对新员工，首先讲的就是文化，包括企业的核心文化理念、文化主张，以及企业倡导的服务理念和价值诉求。

第二组，制度。就是指企业的各项规章制度，每个企业都有。

第三组，业务。你在什么行业做什么业务。关于业务，有八个字。首先要讲职责，你是干什么的，你负责哪一块。其次要讲程

序，即工作怎么做，第一步是什么，第二步是什么。不管是营销员、技术员，还是收银员，工作的流程和程序是什么。再者是标准，也就是我们常说的 SOP[①]，即要明确做得好和不好的标准是什么。标准十分关键，胖东来各岗位的标准手册都很厚。最后是考核，干得好怎么样，干得不好怎么样。

第四组，客户。对新员工进行客户方面的培训，至少要讲四方面的内容。首先，让新员工建立客户意识。其次，让新员工懂得客户是谁，即每天的目标客群是谁，每天服务的对象是谁。同时，还要让新员工知道大客户、常客、会员客户有哪些，他们有什么样的喜好及需求。最后，会员客户有怎样的服务待遇。

第五组，激励。优秀的员工都是激励出来的。胖东来至少有五大激励。

第一，是做榜样的激励。胖东来对员工的激励从来不靠物质，不靠物质，怎么激励？胖东来是榜样激励，运用榜样的力量，既激励了榜样自身，也激励了其他员工向榜样学习。这样的活动每个企业都可以开展。

第二，是定名激励。比如胖东来的超市有一个可以吃东西的地方，放着很多纸巾，但是来回拿有点乱，他们后来做了一个包装盒，上面写着"一冉纸巾盒"。一冉就是发明这个包装盒的员工的名字。谁发明的用谁的名字来命名，这是不是最大的吸引力？这种

---

① SOP 是 Standard Operating Procedmre（标准作业程序）的缩写。

激励让员工有一种发自内心的荣耀感，这种激励比奖励给员工500元、1000元更有感觉。

海底捞也有这样的激励，比如防止水油溅到手机上从而给手机套的袋子叫"包丹袋"，也是用想到这一操作的员工"包丹"的名字定义的。这种做法既能体现员工个人的价值，也是对员工的一种尊重，同时通过这种方式还激发了所有员工的积极性和创造力。

第三，是随时奖励。今天谁做得好，随时给他一个苹果，给他一个小红包等。海底捞就有红包激励机制，哪怕里面只有10元钱。钱不重要，员工在意的是今天经理发现了他的优点，给了他一个鼓励。

第四，是发展激励。比如胖东来在员工专业型职业发展路径中，会给出各种荣誉头衔。员工从营业员做起，通过不断提升专业能力和工作表现，可以获得岗位标兵、岗位明星等称号，最终成为资深员工，这代表着他们在专业服务方面得到了认可。

第五，是精神激励。胖东来有各种精神层面的激励方式。比如公开表扬：在员工大会、部门会议等场合，公开表扬表现突出的员工，详细讲述他们的优秀事迹和对顾客、对团队的贡献；某位员工在面对顾客的特殊需求时，积极主动地想办法解决，领导会在会议上重点提及，让大家学习其服务精神。同时设立各种荣誉称号给予员工，如"服务之星""创新能手""团队协作奖"等，每月或每季度评选一次，给予获得称号的员工证书和奖励。这些荣誉称号不仅是对员工个人的认可，也会在店内展示，增强员工的荣誉感和自豪感。

其实很多的激励方式都是在研究人性的基础上产生的，不管是胖东来还是海底捞，都在从人性的角度激励员工。所以我经常会讲一句话："在营销的世界里没有销售，只有人性。"

> **易钟观点：**
>
> 在营销的世界里没有销售，只有人性。

（2）加强员工自我认识，学会感恩

在新员工培训中，除了以上五个词，企业还应加强员工对自我的深刻认识，并学会感恩。

- 让员工深刻认识自我

让员工深刻认识为何来这里工作，在为谁工作，是否珍惜自己的岗位。

有些员工的团队精神不太好，甚至比较自私，我们要让每个员工认识自己，让员工明白，他为什么到这里上班。

我曾经写过一本书，叫作《你究竟在为谁工作》。我在十几年前就在思考员工究竟在为谁工作。企业里很多员工都是打工者心理。我到胖东来的门店，故意跟他们的员工开玩笑说："我看你每天这么积极主动，这么用心，你不就是打工的吗？"胖东来的员工跟我说："先生，我可不这么看，也许别人认为我是打工的，我不

这么想，就算打工，我也要打成功。"积极的人像太阳，照到哪里哪里亮，大家有没有想过，这种心态从何而来。

我们有时候会被一些不好的员工、不好的氛围，以及一些负能量影响，所以我们更要让每个员工深刻地认识自我，自己究竟在为谁工作。我们在跟新员工对话的时候，要让他们深刻认识自己：你是谁？你想做什么？你能做什么？我们的环境允许你做什么？你给自己定的职业目标是什么？可以仿照表3-2，根据企业实际情况制定类似的表格。

表 3-2　新员工必做的三件事

新员工必做的三件事	
1. 用三个词形容自己	
2. 座右铭	
3. 今年的目标	

案例：

胖东来对新员工提出"人生答案"四问：

第一问，人活着为了什么？有人说为家人，为孩子，为父母，为亲人朋友，为爱情，为亲情，为友情……胖东来告诉我们要为爱而活，为爱存在，传递美好，传递善良，讲的是大爱利他。

第二问，工作的价值和意义是什么？首先要懂得爱自己，拥有美好幸福的生活；其次是热爱自己的工作。工作占据了人们生活的很大一部分时间，工作的价值可能体现在获得经济收入、实现个人成长、提升技能、为他人提供服务或为企业创造价值等方面。对于胖东来的员工而言，明确工作的价值和意义可以让他们更加热爱自己的工作，提高工作的积极性和主动性，从而为顾客提供更好的服务。

第三问，你理想中的生活是怎样的？这个问题旨在帮助员工描绘自己内心向往的生活状态，包括生活方式、家庭关系、社交活动、个人兴趣爱好等方面。了解自己理想中的生活，员工可以更好地规划自己的人生，在工作和生活之间找到平衡，也有助于他们在胖东来的工作环境中更好地实现自己的生活目标。

第四问，请写下你未来五年想要达到的生活目标和状态。这是一个具体的目标设定问题，要求员工对自己未来五年的生活有一个清晰的规划。明确未来五年的目标和状态，可以让员工有一个明确的努力方向，并且能够根据目标制订相应的计划和行动步骤，有助于他们逐步实现自己的理想生活。

看完胖东来员工"人生答案"四问，你会发现，胖东来除了跟员工讲工作规划，也在跟员工讲生活规划。现在很多企业只讲工作规划，丝毫不关注员工的生活。

胖东来所关心的员工的生活规划，也包括他们的安全，而且不仅是对员工自身有安全要求，对员工的家人也有要求。比如骑电动车，必须戴头盔，穿反光衣，家人也一样。

　　胖东来想的不仅是员工本人，还有员工的家庭。一个人不仅要工作，更要生活。胖东来不停地跟员工讲生活的理念、生活的方式，不停地跟员工传递的就是好好生活。门店有很多关于生活的标语："心中有爱，生活处处有阳光""做有信念、懂生活、会生活、智慧的人！"等（见图3-5）。

图3-5　胖东来标语图片

将心比心：胖东来的服务精髓

- **企业要在培训中注入感恩文化**

现在很多优秀的标杆企业都在讲感恩文化。如果员工都不懂得对父母感恩，何谈对企业忠诚？我们反对那种为了感恩而感恩，比如现在有些企业像打了鸡血似的，每天唱感恩的歌，每天跳舞，还有的让员工背《弟子规》。我不能说他们做得不对，只能说我们不要形式主义，要的是发自内心的感恩。

企业没有要求员工了解父母的一切，但是最起码员工要知道父母的生日，父母爱好什么、喜欢吃什么，父母穿多大的鞋，父母平常喜欢到哪里旅游，等等。

表3-3是一张感恩父母行动表，可以让员工试着填一下，培养员工的感恩之心。

表3-3 感恩父母行动表

感恩事由	感恩行动	感恩心得
父母生日时我都做什么？		
节日中我为父母做了什么？		
我对父母了解多少？		
其他		

很多企业都有感恩墙，只是感恩墙有时候变成了一种形式，永远是静态的，挂些照片，感恩大客户、感谢领导之类的。看起来很好，但是没有任何互动，感恩墙死气沉沉。

图3-6是某企业的感恩墙，这个感恩墙是动态的，员工每个阶段都会写上自己的心得，包括对领导、对家人的一些感恩话语。

第三章 | 深悟胖东来：以员工为本，共筑幸福企业蓝图

图 3-6 某企业的动态感恩墙

下面这张员工感恩表（见表 3-4），大家可以作为参考，让员工好好思考，然后填写。

表 3-4 员工感恩表

感恩事由	感恩对象	感恩的话
谁帮你适应工作环境？		
谁在工作上对你帮助最多？		
谁在学习上积极与你分享？		
哪位领导经常关心你，指导你？		

3. 帮助新员工设定目标：快速成长

如果员工不知道企业的使命，那么这个员工身上一定没有责任感，因为没有使命感，何谈责任感？如果员工也不了解企业的愿景和目标，那么这个员工也一定没有梦想和目标。换句话说，他没有愿景，何谈实现目标。如果员工连企业的价值观都不知道，那么企业一定没有统一的思想和统一的行动。所以使命、愿景和价值观对一个企业来说是非常重要的。

如果企业让员工看不到目标，看不到愿景，他能待长久吗？他能与企业共成长吗？他能在企业干五年甚至十年以上吗？所以让每个员工清晰地了解企业的目标和愿景非常重要。

假如我作为一个领导，方向不明确，思路不清晰，未来愿景根本没有，员工就是迷茫的。企业在讲执行力的时候，道理也是一样的。你给员工布置了任务，告诉他要做这做那，以为传达得很好，但是员工不知道怎么干。因为你没讲清楚，他也不好意思去问你，你想让他往东，他带着迷茫拼命地跑到北了，这是蛮干。所以，做企业一定要让每个员工了解目标，上岗前就知道自己在企业里的位置和自身的收获与发展。

现在很多优秀企业在新员工上岗之前，会跟新员工讲三张图。

第一张是组织结构图（见图 3-7）。上面是董事长、总裁或者总经理，下面要么是各个部门，要么是各个门店。这是在给员工讲他现在的位置在哪里，让每个员工都能找到自己的位置。

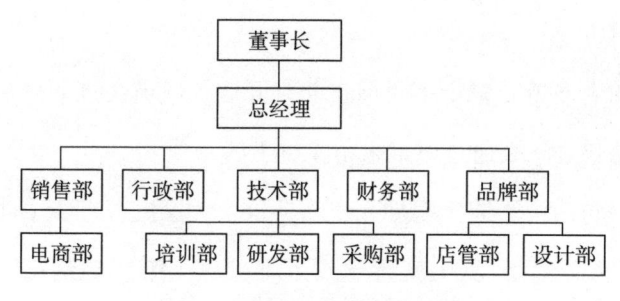

图 3-7 某企业的组织结构图

第二张是职业规划图，又称晋升图（见图3-8）。这张图让每个员工知道自己的明天在哪里。换句话说，只要你努力，半年以后或者一年以后，你可以晋升到什么岗位。每个员工都能看到晋升的希望。

图 3-8 某企业的晋升图

胖东来的职业规划分三条主线：一条是管理型，一条是专业型，一条是技术型。管理型，顾名思义，是从普通的营业员晋升到店长；专业型，员工可以从普通员工成长为岗位明星、资深员工；技术型，指员工可以成为标兵，成为资深的技术人员。

第三张是战略规划图，又称"愿景图"。有一句话叫：打工打成股东，租房租成房东。员工在企业干十年，甚至干一辈子，你得让他知道，未来十年、二十年，企业要发展成什么样子，企业计划开多少门店。

比如麦当劳，三十多年前在北京开店，新员工入职之后，他们当时的总裁是怎么通过愿景来留住员工的？

第一句话：欢迎大家加入麦当劳这个大家庭。三十多年前讲大家庭、"家文化"，员工就感觉到了不一样。第二句话：因为你们的到来，我们的家更充满了朝气，充满了新鲜的血液，我向你们致敬。第三句话：我相信只要你们努力，两年以后，你们可以晋升为大堂经理，三年以后成为店铺总经理，五年以后可以管理大区。这就是愿景。

愿景不是定好就行，还要解码，从战略目标到五年、十年的规划目标，一个个解码，让每一个店长、每一个员工都能清晰看见。

除了让员工清晰地了解企业的愿景和规划，企业还要让员工为自己在企业设定一个目标，帮员工制定职业目标，与企业共成长。

很多企业通过实施目视管理，给员工绘制梦想墙，或每天让员工大声说出自己的目标和梦想。既然制定了目标，就要想着怎么去实现它。下面给大家介绍新员工设定目标必做的几件事，供大家参考（见表3-5）。

表3-5　新员工设定目标

自我评价（我现在的工作状态）	
自我期许（我想要成为怎样的员工）	
自我肯定（我的工作和服务优势）	
我的奋斗目标	
具体行动计划	

第一件事，员工自我信念管理。比如，自我评价：我现在的工作状态如何？我是从未工作过的新手，还是在别的地方干过相似的工作？比如，自我期许：我来公司想成为怎样的员工，我会如何看待和评价现在的自己。比如，自我肯定：我认为自己最大的优点是什么。等等。这件事会不断增强员工的信心。

第二件事，让员工写出1~3年的目标。胖东来是让员工写出5年规划，有人说5年不现实，那就可以从1~3年开始。短期目标、长期目标都可以写。目标可以包括工作方面、家庭方面。胖东来对员工有七个要求——健康、安全、爱情、家庭、理财、居家、休假，他们让员工围绕这七个要求写出自己的目标、想法。如果觉得复杂，也可以简单分为工作方面和家庭方面。

第三件事，总结自我。制定好目标后，写出自己的具体行动计划。

4. 做足新员工关怀：从生活入手，从工作入手

对新员工进行关怀，要"从生活入手，从工作入手"。具体怎么做呢？我送给大家十个字：

前五个字是"衣食住行亲"，这是生活方面。衣，顾名思义就是员工的工装，企业是否每年都会换新的工装，春夏秋冬有什么标准；食，企业是否有员工餐，员工餐标准如何，员工饮食习惯怎样，在外面吃得如何；住，员工是否有宿舍，是否要租房；行，员工如何上下班，是步行，还是骑车，还是公共交通，要注意上下班

安全；亲，就是员工亲属的大致情况，企业也要了解一下。

后五个字是"喜好忧思难"：喜，员工喜欢什么；好，爱好；忧，忧愁烦恼，员工有什么烦恼困惑，怎么帮他解决；思，员工的思想动态、心态如何；难，员工有什么现实的困难需要帮助解决。

大家可以把这十个字做成一张表格（见表3-6），可以称其为公司相亲相爱表。

表3-6 公司相亲相爱表

员工关怀"十个字"	具体内容
衣	
食	
住	
行	
亲	
喜	
好	
忧	
思	
难	

这些信息从哪里来呢？入职之后，可以让员工填一个基本情况调查表（见表3-7），了解和关注员工的基本诉求。随着工作时限的增长，员工有了新的需求，也可以随时通过各种沟通、交流来了解。我们只有细致地了解了员工，才能有针对性地关怀员工。我们对员工与对顾客是一样的，不管多小的事，在顾客的眼里都是

大事；不管多小的事，在员工的眼里也是大事。关爱员工从点滴做起。

表 3-7　员工基本情况调查表

生日		经历	
个性/优缺点		荣誉	
理想		兴趣、爱好	
健康状况（精神）		家庭状况	
喜欢吃什么		最亲近的朋友	
最不希望发生的事		最高兴的事	

🛒 **易钟观点：**

　　我们只有细致地了解了员工，才能有针对性地关怀员工。我们对员工与对顾客是一样的，不管多小的事，在顾客的眼里都是大事；不管多小的事，在员工的眼里也是大事。关爱员工从点滴做起。

案例：

　　我曾是河南濮阳迎宾馆的企业文化建设总顾问，在给他们做企业文化内部辅导时，他们结合我讲的"新员工关怀计划"内容，做了一个为新员工服务的方案："新员工入职的 345 树苗计划"。

"3"是指在面试阶段，有一次迎接、一杯热水、一次面谈。

"4"是指在聘用之后的试用阶段，有一条欢迎短信、一次经理的面谈、一次欢迎会，并指定一位师傅。

"5"讲的是，转正之后，有一封总经理入职欢迎信；有一套入职的套餐，套餐里有U盘、手册等；有一次入职培训，会讲述企业的架构和文化等；有一次经理谈心；有一个定制水杯。

某家企业针对新员工提出了"五个一"关怀服务：一条温馨的欢迎短信、一套洗漱用品、一张温馨爱心卡片、一套生活用品、一个定制杯子。

爱员工先从了解员工开始。企业口口声声爱员工、喜欢员工，要关怀他、关爱他，可是竟然不了解他，那就不是真正地爱员工。当领导的应该多关注员工，多了解员工的思想生活动态。

我自己总结了为员工服务的"三从四得"：从身边做起，从小事做起，从现在做起；员工困惑要解得，员工意见要听得，员工困难要帮得，员工生日要记得。

🛒 易钟观点：

> 为员工服务的"三从四得"：从身边做起，从小事做起，从现在做起；员工困惑要解得，员工意见要听得，员工困难要帮得，员工生日要记得。

思考与实践：

根据前文讲到的内容，我给大家总结了一张表格（见表3-8），里面列出了构建新员工关爱计划体系的四个核心：新人欢迎、新人培训、新人目标、新人关怀。大家可以根据表格做一个提升方案，看看企业目前的状况是怎样的，有哪些提升方案，是不是很好落地。结合这张表格，你可以带着团队一起来碰撞，一起来优化。

表3-8 新员工服务关爱计划提升措施表

主要环节	目前状况	提升方案	负责人	时间
新人欢迎				
新人培训				
新人目标				
新人关怀				

三、幸福企业三步走：策略与实践

于东来说过，有了细节的关怀，员工才会感受到尊重。做一个有品质的企业，先从关怀员工开始。我们走进胖东来，会发现他们时刻在倡导生活，随时在讲人要幸福、真诚、善良、大爱、利他。

客户是我们的衣食父母，员工也是我们的衣食父母，只有对员工用心，员工才会对客户用心，只有照顾好员工，员工才能照顾好客户。我研究了这么多标杆企业，发现优秀的企业，都在讲先把员工照顾好，员工会传递关爱，传递真诚，传递美好，共建幸福企业。

什么叫幸福企业呢？其实就是员工幸福、顾客满意、社会认可。企业以人文关怀为基础，以可持续发展为目标，在追求经济效益的同时，注重人的发展和社会的进步。结合胖东来的做法，我发现要做幸福企业，至少要做到以下三点。

1. 薪酬待遇：竞争力与公平性并重

胖东来在爆改永辉、步步高时，首先就提高了员工的工资待遇。我们学习胖东来，不一定要一下子把员工薪酬提升很多，而是先进行对比，看看处于同行中的哪个位置，尽量做到中上等。比如说别家企业相同岗位工资 4000 元，你不能定 3500 元，最起码可以在 4100 元。

案例：

胖东来超市员工、服装店员工、餐饮店员工和保洁员等普通岗位平均到手的月薪超过 7000 元，部分门店员工薪资普遍在 8000 元以上。曾有网友分享自己采访胖东来保洁阿姨的经历，阿姨表示每天有休息，还有一个月的年休假，工作强度大了还会延长年休假，月工资在 7000 元以上。

胖东来的薪资待遇在其所在的许昌、新乡等三、四线城市属于中上等水平，并且还有完善的福利体系，包括五险一金、节日福利、带薪年假（普通员工每年 30 天，管理层 40 天）、"委屈奖"、结婚贺金、生育贺金等。

胖东来也注意薪酬的公平性，他们尊重自然法则，在此基础上让所有人的付出和回报成正比。

2. 快乐工作氛围：激发潜能，提升效率

企业的人际关系，包括同事关系、领导关系要很融洽，要积极向上。只有处在快乐工作的氛围中，大家才会感到心情愉悦。

比如，胖东来每天都有营业前的晨会，晨会有时会组织一些轻松的互动游戏，让员工在欢声笑语中开始一天的工作。

同时，在一些节日或者特殊时期，胖东来会为员工举办庆祝活动或聚会。例如在春节期间，公司会组织员工一起吃团圆饭，发放节日礼品，让员工即使在工作期间也能感受到节日的氛围和公司的关爱。

在非营业高峰期，胖东来的员工如果完成了手头的工作任务，可以有一定的自由时间。有的员工会利用这段时间阅读书籍来充实自己，这在其他企业是比较少见的。这种自由的氛围让员工能够在工作之余有自我提升的机会，也不会因为工作的高强度而感到过度压抑。

海底捞的工作氛围也很好。一般餐厅后厨都有专门刷碗的员工，大部分都是中年女性。生意好的餐厅翻台率高，服务员把脏了的锅碗瓢盆传到后厨，一般都会着急地对刷碗的员工说一句："大姐快刷，前面还有好多。"刷碗大姐一看还有这么多，简直不想干了。但在海底捞，锅碗瓢盆传到厨房后，大姐一看还有那么多，她会擦擦脸上的汗，跟服务员说："小伙子别着急，慢慢来小心路滑。"服务员会怎么回复？"大姐，不辛苦，没事的，您一会别着

急，我来帮你一块刷。"他们在彼此鼓励，在互相打气，在传递爱。这跟胖东来是不是一样？

很多企业的员工总是在抱怨，工作氛围不好。我对很多管理团队都说过一句话：与其抱怨，不如奋进。既然大家在同一个平台上，就一起成长，一起发展，这样才是健康企业，才能够一路向上。抱怨能解决问题吗？与其抱怨，不如奋进。我还跟他们说过：用心做最好的自己。一个人强大了，能治愈一切焦虑。你为什么焦虑？因为不够强大；你为什么怕卷？因为不够强大。就这么简单。

🛒 **易钟观点：**

> 与其抱怨，不如奋进。用心做最好的自己。

3. 员工如家人：用心关爱，共筑幸福

不管是新员工还是老员工，把员工当成我们自己的家人，用心关爱我们的员工，让员工感受到归属感与幸福感。

（1）让员工有归属感

比如，胖东来为新员工准备了舒适的员工宿舍，宿舍内生活设施齐全，从床铺、衣柜到独立卫浴等一应俱全，环境干净整洁，就像家一样温馨。有的新员工刚从外地来到工作地，人生地不熟，

将心比心：胖东来的服务精髓

胖东来提供的宿舍让他们一入职就有了安稳的居住场所，心里特别踏实。而且宿舍区还配备了公共的休闲娱乐区域，方便新员工在下班后放松身心，尽快和其他同事熟悉起来。

在餐饮上，胖东来的员工餐厅为新员工提供营养丰富、口味多样的饭菜，有的新员工第一天上班就能在餐厅吃到可口的家乡风味饭菜，那种被关怀的感觉油然而生。

（2）注重员工的家庭生活

假如员工小高刚到公司两个月，明天是他妈妈的生日，小高的主管今天给他发了微信或者当面跟他说："小高，不要忘了明天早上给家人发个问候微信，祝妈妈生日快乐。"你觉得小高的感觉是什么样呢？他也许在想：我们领导怎么还知道我父母的生日？首先会感觉这个企业太不一般，太讲人性、讲情感了。当他第二天给妈妈打电话时，他的家人会有什么感觉？妈妈会说："你这孩子出门工作两三年了，从来不记得妈妈生日，今天你怎么想起来的？"小高回答："妈妈，是我们主管提醒我的。"小高妈妈肯定很惊讶："你们的领导还知道我的生日？"她肯定很感动，认为孩子在外面遇到了一个好企业、一个好领导，妈妈一定会让他用心工作。

海底捞也好，胖东来也好，他们都认为：父母才是员工的第一管理者，每一位员工都连着一个家庭。所以他们都很注重员工的家庭生活，并且不断强调员工家庭生活的重要性。

也有人会问：我怎么才能知道员工父母的生日呢？可以在前文

表 3-7 中的"家庭状况"一栏，加上员工父母的生日。想要落地，一定有方法。很多时候你对员工用心了，慢慢地，员工对顾客也就用心了，这叫将心比心。

湖北有一家知名的餐饮企业，我特别喜欢这家企业董事长讲的一句话：像妈妈一样对待员工。他说自己创业以来，都会坚持记下每个员工的简历，里面有家属的基本资料，每年的六一儿童节，他会给员工的孩子买衣服当作节日礼物。他还认为：顾客的满意度来源于员工的满意度。

大家应该听过恋爱营销学，就是把顾客当作情人一样去对待。我们把员工当成亲人一样去照顾，道理是一样的。

除了父母，我们还可以延伸到对员工的孩子、员工的亲人的关爱，关注员工家庭生活的点点滴滴。

胖东来会邀请员工家属参与公司组织的一些活动，比如员工家属开放日等，让家属了解员工的工作环境和公司文化，增强家属对员工工作的理解和支持，也让家属感受到公司对他们的尊重。

当员工家属遇到特殊困难或意外情况时，公司会给予员工情感上的支持和帮助。公司会派人探望和慰问，让员工和家属感受到公司的关心和温暖。

在重要节日，公司不仅为在职员工准备福利，员工的家属也能享受到一定的福利。比如每年春节、中秋节等，胖东来会给员工及其家属发放礼品，让员工与家人一起分享节日的喜悦。

除了胖东来的这些做法，大家平常对员工家属还可以有哪些关爱行动呢？我也列了一些供大家参考：

是否会组织家属健康体检？员工的子女考上大学，或者考上高中了，有没有升学慰问？企业往往会组织优秀员工去旅行，那是否也可以考虑带他的家属一起？有没有家访？家访很重要，因为这依然是在了解员工的动态。胖东来的管理者每年都会对员工进行家访。他们带着礼品，到一些困难员工家庭或者优秀员工家庭去家访，跟员工的家人拉家常，了解员工的思想动态，了解员工家庭的状况。

（3）注重员工的健康成长

员工的健康可以从三个方面考虑：

第一，心理健康。比如工作上的压力，很多企业会请心理医生给员工讲一讲心理课程，让大家做好心理调节。

第二，身体健康。比如提醒员工平常多注意休息、多锻炼，有的企业会安排休息区和健身区，安排员工定期体检等。

第三，关注员工家人的健康。比如胖东来家访的时候，往往会关注员工的家人平常都吃什么米、用什么油，平常都在哪里买菜，这些其实就是从安全健康方面关怀员工，让他们能吃得好，睡得好，身体好。

（4）定期开展员工关爱交流活动

企业有没有员工关爱文化墙？有没有经常开座谈会、办生日会？图3-9是某家企业的生日墙，哪些员工过生日一目了然。

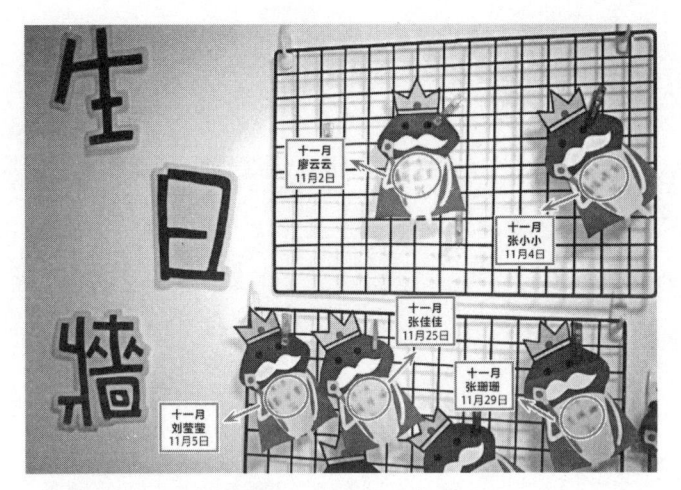

注：为保护个人隐私，均用化名。

图 3-9　某企业的生日墙

过生日的时候如何策划呢？每次过生日送什么？

大部分企业是送蛋糕，然后准备一个小礼物。有的企业会组织生日会，那么生日会谁来主持呢？是人力资源部的员工，还是过生日员工的领导？在我看来，不该是领导，也不该是人力资源部的人，应该是每个员工最亲近的人。

如果是新员工，他的师傅亲自主持；如果是老员工，可以是跟他接触最多的同事。为什么呢？这样做有三个好处。第一，跟他接触多的人对他最了解，组织策划活动更能做到他心上。第二，如果每次生日会都是同一个人组织或者主持，会渐渐失去新鲜感。大家会觉得每次搞活动都是老一套。换不同的人，策划的主题也不一样，员工会有期待。第三，每次用不同的人主持和组织，也可以培养员工的组织能力、语言表达能力。

思考与实践：

　　为了让员工满意，提高员工幸福指数，关爱员工，打造幸福企业，你能做些什么？列出3~5点，并在日后工作中坚持。

第四章

**精研胖东来：
以真心待客，
品质服务铸就客户信赖**

胖东来以顾客至上为原则，走进顾客心里，致力于为顾客提供极致的购物体验。从商品的品质把控到服务的每一个环节，都体现了对顾客的尊重和关爱。胖东来对商品的选择极为严格，只挑选质量上乘、安全可靠的商品，确保顾客能够购买到放心的产品。在服务方面，胖东来的员工以热情、专业、耐心的态度为顾客服务。

第四章 | 精研胖东来：以真心待客，品质服务铸就客户信赖

当企业对员工用心，员工就会对顾客用心，顾客就会不断地选择我们的企业。这就是我们经常讲的服务的价值链，这是一个循环圈。前文讲了胖东来是如何对员工用心的，这一章我们来讲胖东来是如何服务顾客的。我们先从胖东来的服务发展历程，解读胖东来对客服务的精神。

将心比心：胖东来的服务精髓

一、胖东来服务进化之路：从真诚到卓越的蜕变

1. 真品换真心：奠定信任基石

第一章提到的"真品换真心"是于东来1995年创业的时候提出来的。因为那个时候假货多，老百姓不敢乱买。那老百姓是怎么对胖东来产生信任的呢？那时，他们到胖东来买商品，胖东来会给商品加盖一个信誉章，保证商品一定是真的，并且假一赔十。老百姓因此慢慢对胖东来产生了信任。

"真品换真心"这句看似简单的口号，背后蕴含着一个个温暖而动人的故事。

案例：

有一天，一位顾客在胖东来购买了一箱苹果，回家后打开

发现，其中几个苹果有轻微的碰伤。顾客抱着试试看的心态，带着苹果回到了胖东来门店。工作人员热情地接待了他，立即为他更换了一箱全新的苹果，并诚恳地向他道歉，没有丝毫的推诿和质疑。顾客被胖东来的这种态度深深打动，他感慨道："在胖东来购物，真的让人放心。他们用真品换来了我的真心。"

从那以后，这位顾客成了胖东来的忠实粉丝，不仅自己经常光顾胖东来，还向身边的亲朋好友大力推荐。而胖东来也没有辜负顾客的信任，始终坚持提供高品质的商品和服务。

一位年轻的妈妈在胖东来为自己的宝宝购买了一罐进口奶粉。可是宝宝喝了之后，出现了一些不适症状。妈妈心急如焚，不知道该怎么办才好。她带着奶粉来到胖东来，向工作人员说明情况。工作人员马上联系了奶粉厂家的专业人员，对奶粉进行了检测。经过检测，他们发现奶粉本身没有质量问题，但有可能是宝宝的体质不太适应这款奶粉。

胖东来的工作人员并没有就此了事，他们主动为这位妈妈推荐了其他几款适合宝宝体质的奶粉，并详细地介绍了每款奶粉的特点和优势。同时，他们还为妈妈提供了一些育儿建议和注意事项。这位妈妈被胖东来的贴心服务感动得热泪盈眶，她说："胖东来不仅关心商品的质量，更关心顾客的需求和感受。他们用真心换来了我的信任。"

这些只是胖东来"真品换真心"故事中的一小部分。在胖东来，这样的故事每天都在发生。胖东来的员工们始终牢记"真品换真心"的经营理念，用自己的行动诠释着对顾客的关爱和尊重。在这里，顾客感受到的不仅仅是商品的好品质，更是一种真诚的关怀和服务。

2. 上门退货服务：超越期待的便捷

从 2018 年开始，胖东来提出"上门为顾客退换货"。也就是说，顾客在胖东来买东西，到家发现不满意或者东西是坏的，打个电话过去，胖东来一定会有客服主管或者服务专员跟顾客联络，第一时间上门办退换货。不仅仅退换，还送小礼物，这是胖东来惯用的做法。胖东来是点点滴滴都在抓住顾客的心。

案例：

李阿姨一直听闻胖东来的服务好，但真正让她深切体会到这份好的，是一次购物后的退货经历。

那是一个阳光明媚的日子，李阿姨在胖东来商场为即将过生日的小孙子选购了一套精美的儿童玩具。回到家后，小孙子看到玩具很是兴奋，立刻就玩了起来。然而，没过多久，李阿姨就发现玩具的一个小部件存在质量问题，这让她心里有些不舒服。李阿姨心想，这刚买的玩具就出了问题，虽然商场一般都能退货，但自己年纪大了，去商场退货又要折腾一番，实在是有些麻烦。抱着试试看的心态，李阿姨拨打了胖东来的客服电话，向工作人员说明了情况。

让李阿姨没想到的是，客服人员在听完她的讲述后，立刻热情地表示可以上门为她办理退货。李阿姨惊讶之余，心里也充满了期待。

很快，胖东来的工作人员小王就来到了李阿姨家。小王面带微笑，非常有礼貌地向李阿姨问好，并仔细查看了玩具的问题。他一边耐心地向李阿姨解释出现问题可能的原因，一边熟练地办理退货手续。

李阿姨看着小王认真负责的样子，心中感慨万千。她对小王说："我真没想到你们胖东来能这么快就上门来办理退货，这服务真是太好了。"小王笑着回答："阿姨，这是我们应该做的。我们胖东来一直致力于为顾客提供最好的服务，让顾客满意是我们的追求。"

办理完退货手续后，小王还细心地询问李阿姨在购物过程中有没有其他的问题或建议。李阿姨被小王的热情和真诚所打动，连连称赞胖东来的服务。

这件事情很快在李阿姨的小区里传开了，大家都对胖东来上门办理退货服务赞不绝口。

胖东来用心和真诚去服务每一位顾客，也用"上门办理退货"这一服务方式使无数顾客走进胖东来。

3. 专业透明：服务新高度

2015年开始，胖东来在每个门店门口都设置了曝光栏，门店做得不好的事情，顾客投诉的事情，都会进行曝光。既要让顾客看到胖东来好的一面，也要看到其不好的一面，这叫公开褒贬。这个举动让胖东来的服务更透明，其实这也是在倒逼员工能更好地成长。

同时，在2021年，胖东来又公开了自营服装及自有品牌酒水的进价和利润，让服务更专业、更透明。这一点确实全国上下基本没有企业可以做到。这让每个顾客都能明白胖东来挣了他多少钱。

在决定公开进货价和利润之前，胖东来内部也进行了激烈的讨论。有人担心，公开进货价和利润会让竞争对手掌握自己的商业机密，从而影响企业的竞争力。但于东来坚信，真正的竞争力来自对顾客的真诚和对品质的追求。只要胖东来始终坚持为顾客提供最好的商品和服务，就不怕竞争对手的挑战。

最终，胖东来毅然决定公开进货价和利润。这一举措犹如一颗重磅炸弹，在商业界引起了轰动。顾客们纷纷对胖东来的勇气和诚信表示赞赏。

公开进货价和利润后，胖东来的经营并没有受到负面影响，反而吸引了更多的顾客。因为顾客们知道，在这里购物，他们不会被欺骗，每一分钱都花得明明白白。同时，胖东来也通过公开进货价和利润，加强了对供应商的管理。供应商们知道，胖东来对商品的价格和质量要求非常严格，只有提供优质的商品，才能与胖东来合作。

为了确保公开的进货价和利润真实准确，胖东来建立了一套严格的成本核算和监督机制。每一件商品的进货价都经过严格的审核，确保与供应商的交易价格真实可靠。同时，胖东来还定期对商品的利润进行核算和调整，确保利润水平合理。

在胖东来的门店里，顾客可以通过各种方式了解商品的进货价和利润。比如，在商品的标签上，除了标注商品的名称、价格等信息外，还会标注进货价和利润。此外，胖东来还在门店内设置了专门的信息查询终端，顾客可以通过终端查询任何一件商品的进货价和利润。

综上所述，胖东来从1995年创业至今，服务在不断地进行升级迭代。他们不断地创新，不断地站在顾客角度进行思考，从1995年提出的"真品换真心"到今天的"500元投诉奖""上门办理退换货""服务更专业、更透明"，都时刻站在顾客角度。正如于东来所说，好服务就是换位思考。

思考与实践:

你的企业发展到今天,服务理念有没有随着发展阶段的不同不断升级迭代,还是永远老一套?可以试着总结一下自己企业的服务发展脉络。

二、胖东来的利他服务：以顾客为本的全方位关怀

1. 不满意就退货：零风险购物承诺

顾客对自己在胖东来买的商品不满意，胖东来可以直接退款。胖东来甚至还在影院门口摆了一个公告牌："如观众对所观看影片不满意，可在影片结束 20 分钟内，至售票处办理退半价服务。"这里的"不满意"，既包括观众对影片本身不满意，又包括对观影过程中影院提供的服务不满意，二者都可以退半价。为什么是退半价呢？因电影票票价的另外 50% 要上交院线，所以不能全额退款。

案例：

李女士在胖东来购买了一件价格不菲的羽绒服，准备在即

将心比心：胖东来的服务精髓

将到来的冬季穿。然而，回家后家人觉得款式不太适合她，李女士心中有些懊恼，想着刚买的衣服难道就要闲置了？抱着试试看的心态，李女士拿着羽绒服来到胖东来服务台，忐忑地向工作人员说明情况。工作人员微笑着接过衣服，没有丝毫犹豫，立刻为李女士办理了退货手续。李女士惊讶不已，她原本以为会遭遇各种推诿和刁难，没想到如此顺利。工作人员还亲切地对她说："您放心购物，如果有任何不满意随时来找我们。"这件事让李女士对胖东来的好感度直线上升，她成了胖东来的忠实顾客，并且逢人就夸赞胖东来的服务。

张先生在胖东来为孩子购买了一款玩具。孩子玩了几天后，突然对这个玩具失去了兴趣。张先生想到胖东来的"不满意就退货"政策，便拿着玩具来到商场。工作人员热情地接待了他，在检查玩具没有损坏后，迅速为他办理了退货。张先生感慨地说："胖东来的这种信任让我觉得特别温暖。他们相信顾客，而顾客也会因为这份信任更加支持他们。"从那以后，张先生不仅自己经常在胖东来购物，还推荐身边的亲朋好友都去胖东来消费。

胖东来的"不满意就退货"政策，不仅仅是一句口号，更是一种承诺，一种对顾客的尊重和关爱。在这个政策的背后，是胖东来对自身商品质量和服务水平的高度自信。他们相信，只要真心为顾

客着想，顾客就会回报以忠诚和支持。

2. 倡导理性消费：顾客利益至上

在胖东来购物，可能会有人提示你不要再买了，你已经买了很多了。就像我们到餐厅去吃饭，5 个人点了 8 个菜，有良心的商家一定会提示你，他们的菜量比较大，5 个人最多点 6 个菜就行了。胖东来很多柜台都会有这样的提示（见图 4-1），提示大家理性消费。

图 4-1　理性消费提示牌

案例：

小李路过胖东来超市时，想起家里的生活用品快用完了，便决定进去采购一番。一进入超市，小李就被整洁的环境和丰富的商品吸引。接着，小李很快就注意到了胖东来无处不在的"理性消费"提示。

将心比心：胖东来的服务精髓

在货架上，每一种商品都标有详细的价格、成分、用途及使用建议。比如一款洗发水，旁边不仅有价格标签，还有关于该洗发水适合的发质类型及使用频率的说明。这让小李在挑选商品时更加有针对性，不会因为盲目跟风而购买不适合自己的产品。

小李在挑选洗衣液时，有点纠结于不同品牌和价格的产品。这时，一位胖东来的员工微笑着走过来，耐心地为小李介绍了几款洗衣液的特点和性价比。员工并没有一味地推荐价格高的产品，而是根据小李的需求和预算，建议他选择一款性价比高、适合家庭使用的洗衣液。同时，员工还提醒小李，不要过度购买，要根据家庭的实际使用量进行合理采购，避免造成浪费。

在收银台附近，胖东来还设置了一个"理性消费宣传区"。这里摆放着一些关于理性消费的小贴士，如制定购物清单、比较不同商品的价格和质量、避免冲动购物等。小李在等待结账的时候，认真地阅读了这些小贴士，深受启发。他意识到自己以前在购物时确实存在一些不理性的行为，比如看到促销活动就盲目购买，结果很多东西买回家后却用不上。

离开胖东来超市后，小李感慨万千。他觉得胖东来不仅仅是一个卖商品的地方，更是一个引导消费者理性消费的教育基地。从那以后，小李每次购物前都会制定购物清单，避免冲动购物。他也会更加关注商品的质量和性价比，而不是仅仅看价格或者品牌。

胖东来的理性消费理念不仅仅体现在超市的常规经营中，还体现在一些特殊的时期。比如在促销活动期间，胖东来不会通过夸大宣传、虚假折扣等手段来吸引消费者。相反，他们会在促销活动前提前公布活动内容和规则，让消费者有足够的时间进行比较和思考。同时，胖东来还会在促销活动中设置一些限制条件，比如限购数量、限制购买人群等，以避免消费者过度购买。

这种站在顾客角度的利他思维，会让消费者觉得商家诚信、有良心，换句话说商家有大爱，大爱利他。

3. 补退差价：守护公平交易

大家都知道，在不同季节，相同产品的价格会有一些波动。这个月买的产品，到下个月可能就降价了。但是胖东来做了一个承诺：你在我这儿买贵了，我给你退差价。而且办理退差价只要10分钟。

案例：

张先生在胖东来为孩子购买了一套品牌运动服装，准备作为孩子的生日礼物。可没过几天，他在逛街时发现另一家商场正在对同款服装进行促销，价格比他在胖东来购买时低了很多。张先生有些懊恼，觉得自己买亏了。但他想起曾经听说过的胖东来的"补退差价"政策，于是决定去胖东来问问看。

当张先生来到胖东来，向工作人员说明情况后，工作人员热情地接待了他，并仔细核对了商品信息和价格差异。确认无误后，当即为张先生办理了差价退还手续。张先生对胖东来的服务赞不绝口："胖东来真的是把顾客放在第一位，这样的商家让人放心，让人信赖！"

这个故事只是胖东来"补退差价"政策下的冰山一角。在胖东来，无论是价格波动较大的电子产品，还是日常的生活用品，只要符合"补退差价"的条件，顾客都能得到公平合理的对待。胖东来的这一政策，不仅仅是一种商业手段，更是对顾客的一份承诺、一份尊重。

胖东来的管理层深知，顾客的信任是企业生存和发展的基石。而"补退差价"政策正是他们赢得顾客信任的重要举措之一。通过这一政策，胖东来向顾客传递了一个明确的信息：我们在乎你的感受，我们致力于为你提供最优质的商品和服务，我们不会让你因为价格问题而感到后悔。

4. 500元投诉奖：倾听顾客声音，持续优化服务

只要顾客在胖东来超市消费过程中发现问题并进行有效投诉，经超市核实确认后，顾客就可以获得500元的现金奖励。胖东来设立这个奖，主要是为了让顾客积极反馈在购物过程中遇到的问题，以及对超市服务、商品等方面的不满意之处，以便超市能够及时改进，不断提升整体的经营水平和服务质量，给顾客提供更好的购物体验。

案例：

李女士来到胖东来超市，准备购置一些生活用品。在精心挑选商品的过程中，她惊觉有一款洗发水的价格标签与实际结算价格不一致，她感觉自己受到了欺骗。

她找到超市的客服中心，向工作人员详尽地阐述了事情的经过。工作人员立刻予以重视，一边诚挚地向李女士致歉，一边火速核实问题。经过一番细致调查，原来是价格标签在更新之际出现了失误，导致出现价格不符的情况。

超市的负责人很快获悉了此事。首先，他们依照"500元投诉奖"的承诺，当场给予李女士500元现金奖励，以此感谢她对超市的有力监督与及时反馈。其次，他们对相关工作人员进行了严肃的批评教育，并对价格标签管理流程展开了全面检

查与整改，以确保类似的问题不再重演。

李女士被胖东来的态度与行动深深触动。她原本只是期望讨个说法，未承想收获了如此诚恳的回应及丰厚的奖励。她感慨万千地说道："胖东来真的是一家将顾客时刻放在心上的企业。他们不但解决了我的问题，还让我真切感受到了尊重与信任。往后，我必定会更加坚定地支持胖东来。"

这个故事迅速在当地传播开来，引发了广泛的关注与热烈的议论。众多消费者对胖东来的"500元投诉奖"表示由衷的赞赏与钦佩。在他们看来，这个奖项不仅是对消费者权益的坚实保障，更是胖东来对自身服务质量严格要求与不懈追求的生动体现。

顾客是我们最好的老师。我们要追着顾客给我们进行反馈，我们才能改进、优化。

5. 缺货登记：满足顾客期待

去门店买东西，发现东西卖完了，怎么办？胖东来会让顾客留下姓名、电话，商品到货后第一时间联系顾客（见图4-2）。胖东来还可以做到，如果商品在自家商场没有，它可以在全国甚至全球帮顾客找，并承诺给顾客快递到家。

第四章 | 精研胖东来：以真心待客，品质服务铸就客户信赖

注：为保护隐私，电话号码做了特殊处理。

图4-2 急购热线服务

案例：

有一次，王女士来到胖东来超市，准备为孩子购买一款进口的儿童零食。然而，她在超市里找了许久都没有发现这款商品。正当王女士感到有些失望的时候，一位热情的工作人员主动上前询问她是否需要帮助。王女士便说出了自己正在寻找一款商品。工作人员立刻微笑着告诉她，超市可以进行缺货登记，如果顾客有需求，他们会尽快安排补货。

王女士半信半疑地填写了缺货登记表，心里其实并没有抱太大的期望。毕竟，她在其他超市也有过类似的经历，但往往都是石沉大海，没有下文。

然而，让王女士惊喜的是，仅仅过了两天，她就接到了胖东来超市的电话。工作人员告诉她，她所登记的商品已经到货，欢迎她随时来购买。王女士简直不敢相信自己的耳朵，她没想到胖东来竟然如此重视顾客的需求，这么快就把商品补齐了。

当王女士再次来到胖东来超市时，她发现那款进口儿童零食被整齐地摆放在货架上，旁边还贴着一个温馨的小纸条，上面写着：感谢您的耐心等待，希望您和家人喜欢这款商品。王女士的心中涌起一股暖流，她深深地被胖东来的服务打动。

这个看似平凡的小故事，充分体现了胖东来"缺货登记"服务的价值和意义。这不仅仅是一种简单的补货机制，更是胖东来对顾客的一份承诺和关怀。通过缺货登记，胖东来让顾客感受到自己的需求被重视，自己的声音被听到。

6. 爱心服务：打造一站式购物体验，提升顾客满意度

在胖东来，每一处商品陈列都经过精心设计，方便顾客挑选；每一个角落都打扫得一尘不染，为顾客提供舒适的购物环境；每一个服务设施都考虑得周到细致，让顾客感受到无微不至的关怀。

胖东来的爱心服务，包括但不限于以下方面：

胖东来超市的每个楼层都设有自助饮水机，并配备一次性纸杯，方便顾客随时饮用。

胖东来的母婴室内有婴儿床、温奶器、消毒柜、小冰箱等，一应俱全，为带宝宝出行的顾客提供了极大的便利。

　　胖东来在卫生间配置了洗手烘干一体机，并提供梳子、棉签、护手霜等用品，冬天一直有温水，让顾客使用起来更舒适。

　　胖东来超市门口免费提供环保餐具、购物车、消毒湿巾等，既方便顾客又体现环保理念。

　　冬天下雪时，胖东来员工会在门口为顾客扫去身上、肩膀甚至头顶的积雪。在有停车场和可以寄存车辆的门店，工作人员还会用鼓风机为汽车除雪，给电动车盖上雨衣，避免顾客的车辆被雪覆盖或被雪水打湿。下雨天，胖东来会在门口准备给顾客装雨伞的袋子，防止雨伞上的水滴弄湿地面和顾客的衣服。

　　胖东来超市门口设置有宠物寄存处，会有员工定时查看宠物状况，给其喂食喂水，让带宠物出行的顾客可以安心购物。

　　有一次，一位顾客在购物时不小心把手机弄丢了，焦急万分。员工们得知后，立刻通过广播寻找手机，并调看监控录像。最终，在大家的努力下，手机被找到了。顾客感动不已，连连称赞胖东来的服务周到。

> **心链接：胖东来爱心服务项目**[①]
>
> 1. 免费检测家电　　　　2. 免费检测电脑
>
> 3. 免费检测电动车　　　4. 免费检测汽车

5. 免费检测血压	6. 免费义诊
7. 免费首饰清洗整形	8. 免费箱包维修、清洗
9. 免费箱包保养	10. 免费鞋维修
11. 自动擦鞋机	12. 免费空调清洗
13. 免费电视机消磁	14. 免费服装搭配设计
15. 免费羊毛衫去球	16. 免费熨烫服装
17. 免费缝衣扣	18. 免费折裤脚
19. 免费裁边锁边	20. 免费发型设计
21. 免费穿着培训	22. 免费营养培训
23. 免费生活顾问	24. 免费心理咨询
25. 免费上门调试家电	26. 免费电脑系统安装
27. 免费电脑除尘	28. 免费上门空调设计
29. 免费整体厨房设计	30. 免费家装设计
31. 免费电话	32. 免费发传真
33. 免费农场体验蔬菜采摘	34. 免费大学生实践基地
35. 免费送货	36. 免费缺货商品登记送货
37. 免费代购商品	38. 免费停车1小时
39. 免费夜间急需商品送货	40. 免费送餐
41. 免费提供热水	42. 免费热粥
43. 免费菜谱	44. 免费无线上网
45. 免费代购车票	46. 免费卫生纸

47. 免费雨天送顾客	48. 免费爱心伞
49. 免费鲜花换土	50. 免费下载学习资料、歌曲、影片
51. 免费寻人启事	52. 免费寻物启事
53. 免费咨询热线	54. 免费称体重
55. 免费测身高	56. 免费急救药箱使用
57. 免费电子寄包	58. 免费手机充电
59. 免费手机系统升级	60. 免费汽车加水
61. 免费球类充气	62. 免费自行车充气
63. 免费电动车充气	64. 免费提供维修工具
65. 免费鉴定珠宝	66. 免费验钞
67. 免费卖场小孩看护	68. 免费老人节礼品
69. 免费口罩	

① 实际爱心服务不止这些。

7. 便民服务：传递企业温度，彰显社会责任感

胖东来在户内户外设置了许多便民服务，比如：

顾客在挑选榴莲时，货架旁边都会为顾客准备好手套，保护顾客的双手，防止其被榴莲扎伤。

胖东来不仅在商场内设立自助饮水机，在门店外的合适位置，

也设置了专门的饮水区域，为有需要的人士提供免费的饮用水，并且有开水、温开水等不同水温的水可供选择，以满足他们在不同季节的饮水需求。

部分胖东来门店外设有休息区域，配备有座椅等设施，可供顾客休息。这也让长时间户外工作、容易疲劳的环卫工人有了可以放松和歇脚的地方，缓解他们的工作劳累。

如果环卫工人携带了一些个人物品或工具，不方便在工作时随身携带，胖东来提供的免费寄存服务可以帮助他们解决这一问题。他们可以将物品暂存于胖东来指定的寄存处，安心工作，不用担心物品丢失或损坏。

胖东来在户外区域，配备了车胎充气工具等便民设施。如果环卫工人的车辆（如自行车、电动车等）轮胎出现气不足的情况，可以使用这些工具及时充气，方便他们的出行和工作。

有些胖东来门店还专门设立了环卫工人爱心驿站，除了提供饮水、座椅等基本服务外，还会提供一些额外的关怀，如夏天的防暑药品、冬天的暖手宝等。这些举措体现了胖东来对环卫工人的关心和尊重，让他们感受到社会的温暖。

其实胖东来的利他服务远不止这七项，期待大家有新的发现。其实不管有几项，都说明了胖东来是时刻站在顾客角度思考的，他们走进了顾客的心。

思考与实践:

你的企业是如何以顾客为本的?

你企业的利他服务有哪些?如果没有,你打算如何设计利他服务?

三、胖东来核心服务法则：细节决定成败，口碑赢得未来

胖东来以其卓越的服务独树一帜。胖东来的核心服务法则为众多企业提供了宝贵的借鉴。所谓好服务就是换位思考，胖东来始终站在顾客的角度去理解需求、解决问题，以真心换真心。

做服务就是做口碑，胖东来深知良好的口碑是企业长久发展的基石，通过把细节做到极致，在每一个服务环节都精益求精，为顾客带来超乎预期的体验。同时，胖东来还设计了倒逼机制，让顾客监督员工服务，以此不断提升服务质量，确保每一位员工都以高度的责任感和敬业精神为顾客服务。接下来，我们看一下胖东来的做法，以及我们的企业要怎么做。

1. 换位思考：理解顾客所需

所谓好服务就是换位思考。换位思考，就是站在顾客角度思考问题，为顾客多想多做。那胖东来是如何做的呢？

比如，来到胖东来的各个门店，我们会发现很多这样的提示牌（见图 4-3）：只选对的不买贵的，不向顾客推荐高毛利商品，帮您选择适合自己的，适合自己的才是最好的。

图 4-3 "只选对的不买贵的"提示牌

各个门店的产品很多，消费者在选择的时候经常很迷茫，这个时候胖东来的每一位销售人员、服务人员，都是顾问，他们替顾客把好关，帮顾客去做相关的平衡，为顾客服务和提供解决方案。

"不向顾客推荐高毛利商品"，其实就是站在顾客角度思考问题。

胖东来有贵金属自助称重处（见图 4-4），顾客买了金银饰品，可以自己去称重。

图 4-4　贵金属自助称重处

散装食品区域有置物台。在装散装食品的时候，顾客可以把袋子放置在置物台上，更加方便往里装食品。

图 4-5 中的勺子，是胖东来饮食区的特制勺子，勺子的设计也很为顾客着想。我们用勺吃馄饨，反过来放置勺子的时候，勺子会掉到碗里，现在勺子有槽，就不用担心它会掉下去了。

大家都买过半个西瓜。胖东来也卖半个西瓜，但它在西瓜上多放了一把勺子（见图 4-6），就是这把勺子，让人感到了它的用心。好的服务就是替顾客多想、多做一点点。如果不想用刀切成块吃，总要有把勺挖着吃吧？胖东来给准备好了。

第四章 | 精研胖东来：以真心待客，品质服务铸就客户信赖

图 4-5 带凹槽的勺子

图 4-6 带勺子的西瓜

胖东来的洗手间，还为小朋友准备了小凳子或者小台阶，以及儿童坐便器，方便不同年龄段的儿童如厕。

仔细观察图 4-7 的洗手间台面，除了常见的洗手液、干手器、擦手纸，还有爱心手机架，方便衣服没口袋的时候洗手，手机有地方可放；有刮水板，洗手台面可以随时清理；有护手霜、棉签；还有直饮水龙头和一次性水杯。这都是在替顾客多想多做。

将心比心：胖东来的服务精髓

图 4-7 洗手间台面

不仅对顾客在多想多做，对自己的供应商、渠道商的司机，胖东来其实都在用心多想多做。胖东来的物流中心为货车司机提供食品、饮用水，甚至还有淋浴室。说明他们的服务意识、换位思考的意识是刻在骨子里的。

于东来说过：最好的服务是产品，我们通过产品，用服务做辅助，服务是创造惊喜。我们提供最有品质的产品，用真品换真心，然后通过服务来为顾客制造惊喜和感动。看完了胖东来这么多换位思考的案例，那我们自己该怎么做呢？

（1）培养员工站在顾客角度思考

首先，要培养员工换位思考的意识。因为提到服务，肯定离不开一线员工，他们是直接面对顾客的，让他们养成这种替顾客多想多做的思维方式非常关键。

那怎么培养呢？我们可以用思考表（见表4-1）。这个表的思考事由，可以根据企业实际情况而定，比如让员工多反思：今天我微笑了吗？今天我准备好了吗？今天我为顾客服务的时候有差错吗？

表4-1 换位思考表

思考事由	思考行动	思考心得
我怎样才能让顾客满意和惊喜？		
我今天的服务行为是否能体现公司服务文化？		
我今天在岗位上都有哪些新的服务思考？		

接下来，我再讲几个胖东来的案例，看看他们还从哪些方面进行了思考，带给顾客哪些惊喜和感动。

购物车，大部分超市提供一种，有的超市提供两种大小不一样的，有的超市会提供儿童购物车，但是胖东来提供了七种不同的购物车（见图4-8）：有专门放置婴儿的，有儿童专用的，有老年人专用的，有双层的，有大的，有小的。这就叫替顾客多想多做。我们天天面对顾客，我们要想他们的需求是什么，针对需求，进行不同的设计。

将心比心：胖东来的服务精髓

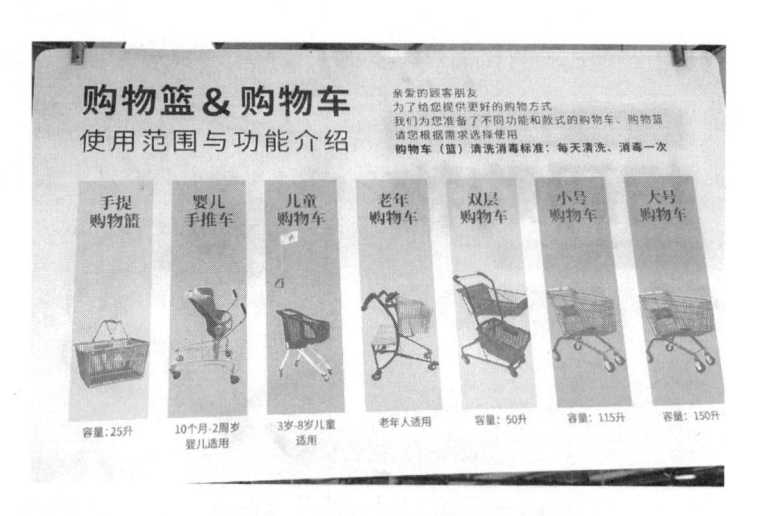

图 4-8　七种不同的购物车

现在很多人养宠物，去商超的时候很多消费者也带着宠物。但是为了避免发生危险，宠物是不能进商超的。这时怎么办呢？胖东来就做了很多安排：比如在商超外面，有宠物饮水的地方（见图 4-9），有宠物的寄存处（见图 4-10）。

图 4-9　宠物饮水处

第四章 | 精研胖东来：以真心待客，品质服务铸就客户信赖

图 4-10 宠物寄存处

对于骑车而来的消费者，胖东来也提供了让人感觉惊喜的服务。夏天特别热的时候，他们给顾客提供车辆座椅降温服务。遇到下雨、下雪的时候，不但给顾客准备爱心雨衣，提供打伞服务，甚至在顾客还在商超里买东西的时候，他们会主动给车辆罩上防雨、防雪罩。

不管是自行车、电动自行车，还是摩托车、汽车，他们都安排了相应的充气泵，车胎亏气了打气，免费补气。

"工作一分钟，用心 60 秒"。我们要学习胖东来站在顾客角度思考的模式。

要想培养这种思考模式，我们需要让员工不断去总结服务心

163

得。比如让员工每天写工作服务日志（见表4-2）。服务日志要包含哪些内容呢？其实不用太复杂。

表4-2 员工服务日志

1. 客户信息 （1）新客户信息 （2）老客户信息
2. 客户反馈 （1）直接反馈 （2）间接反馈
3. 服务改进
4. 服务总结 （1）服务故事/案例 （2）服务思考 （3）服务建议 （4）服务心得
其他备注

首先，员工每天面对顾客，他就可以顺势收集顾客的信息，收集的过程也是做总结、做思考、了解顾客的过程。所以首先要做的就是收集顾客信息。

其次，新顾客和老顾客都会消费和接受服务，他们会带来怎样的反馈？服务哪里好，哪里不好。既然顾客有反馈，我们就要思考服务在哪些地方可以优化，比如服务礼仪、服务形象、服务技巧、服务语言，甚至是有关服务的投诉，都可以列出来，进行优化。

最后，服务总结。这里包括四个方面：第一，在总结过程中，

第四章 | 精研胖东来：以真心待客，品质服务铸就客户信赖

我一直希望企业要有自己的服务故事手册、服务案例手册。我们在做服务总结的时候，需要做得好和不好的正反案例。这既是培训教材，也是文化的一种体现，对于顾客来讲，这也是一种营销的传播。第二，我们每天服务那么多顾客，要不要做服务思考？第三，是服务建议。第四是服务心得。

（2）服务场景化，构建产品知识服务场景

胖东来的门店内，构建了很多产品知识服务场景。为什么要构建这样的服务场景呢？方便随时给顾客提供专业的产品知识，为顾客提供帮助。我在这样的场景下，深刻体会到了什么叫作产品服务化、服务产品化、服务场景化、场景服务化。

胖东来的每个区域都有这些服务的场景，比如食材买回去怎么做（见图4-11），火锅食材涮煮时间是多少（见图4-12），让每一个消费者，特别是对产品不太了解的消费者，进行对比。

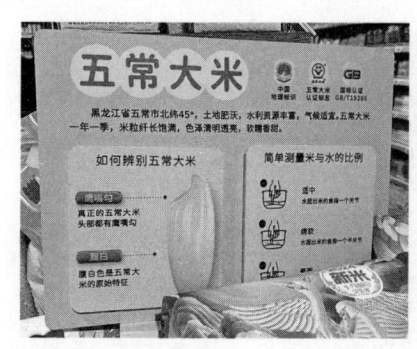

图4-11 食材服务场景

165

将心比心：胖东来的服务精髓

图 4-12　火锅食材涮煮时间

这些服务场景对顾客既是一种引导，也是一种学习。他们构建这样的场景，也是在替顾客多想多做。

这种场景化，可以让顾客身临其境了解产品，同时对产品产生购买欲望。如果只摆放产品，会让人觉得有距离感，构建场景，通过文案让顾客来了解产品，给顾客做引导，加深他们的认知，这也是一种场景营销。场景营销讲到最后就是不断加深顾客认知。

案例：

江西赣州南康大酒店在学习胖东来之后，深知要完全做到胖东来这样，暂时还无法实现，他们便结合宾客需求、目标

客户群需求调研结果，对服务流程和服务项目进行了优化和升级。

首先，酒店加强了员工的服务意识培训。他们通过案例分享，以及向胖东来学习服务、向优秀酒店同行学习服务，达到了全员提升服务意识和自我要求的目的。他们要求员工在服务过程中注重细节，关注顾客的需求和感受。

其次，酒店还推出了个性化服务项目，如定制化餐饮、特色客房等，以满足顾客的个性化需求，丰富产品品种来增加自身产品吸引力。

最后，设计宾客需要的服务项目。例如他们发现洗手间的服务给客人带来不便，临时出现一些状况的话需要到酒店前台寻求帮助，于是，他们把百宝箱服务增设到了洗手间，并且针对女士、男士、小孩分别设计了不同的服务项目。比如，针对女士的特殊时期，不仅准备了各种型号的卫生巾，还贴心地准备了一次性内裤，供客人不时之需；有些人喜欢重口味的蒜，他们贴心地准备了漱口水；还有其他几十种宾客曾经出现需求的物品后期也都增设到了百宝箱。另外，包厢的水果也增设了甜度和食用顺序提示牌；针对高血糖人群过生日的需求，他们将普通的长寿面改为糖分低的荞麦面；面对下午和晚间入住的客人，推出大堂免费下午茶（见图4-13）和晚间一碗养生粥等服务，备受客人喜爱。

将心比心：胖东来的服务精髓

图 4-13　免费下午茶

思考与实践：

　　胖东来的门店，产品都有服务场景，给顾客做产品知识的介绍。你的门店有没有构建这么多服务知识场景？如果没有，你打算如何设计？

2. 口碑为王：细节成就卓越

　　胖东来除了有好的服务理念、服务做法、服务思想以外，还非常注重细节。因为做服务就是做口碑,把细节做到极致。

我们走进胖东来的门店,能时刻感受到,他们在不断向我们传递一种精神:他们在做服务,精益求精,注重细节。

比如,胖东来的超市和药店,随处可以看到放大镜,还有老花镜(见图4-14)。

胖东来有免打扰购物服务。很多人购物的时候喜欢询问工作人员各种产品如何,但也有很多人就喜欢自己逛,不希望有人给他们介绍产品。胖东来就考虑到这一点,如果不希望有人打扰,就把免打扰购物牌挂到小推车上。

图4-14 放大镜

胖东来卖水果讲口感、讲甜度,他们做了各种细节的呈现,会告诉顾客,果切拼盘第一个吃什么,第二个吃什么。在甜度上,胖东来会用标签给甜度排序。切片水果销售时间，4小时8折，因为4小时以后口感不一样了，6小时6折，8小时以后下架，绝对不隔夜（见图4-15），在胖东来随处可以看到不卖隔夜食品的标语。这也是一种营销，他们的营销不是硬广告，而是在各种细节中。通过细节服务，让你感受到它站在你的角度思考，同时，这也是一种营销，体现了产品的品质好。

图4-15 切片水果销售时间

大家都吃过各种苹果，但是你们知道苹果的分类和口感吗？很多人是不清楚的，胖东来就给出了说明和提示（见图4-16）。卖辣椒，胖东来也标出了辣椒种类和辣度（见图4-17）。

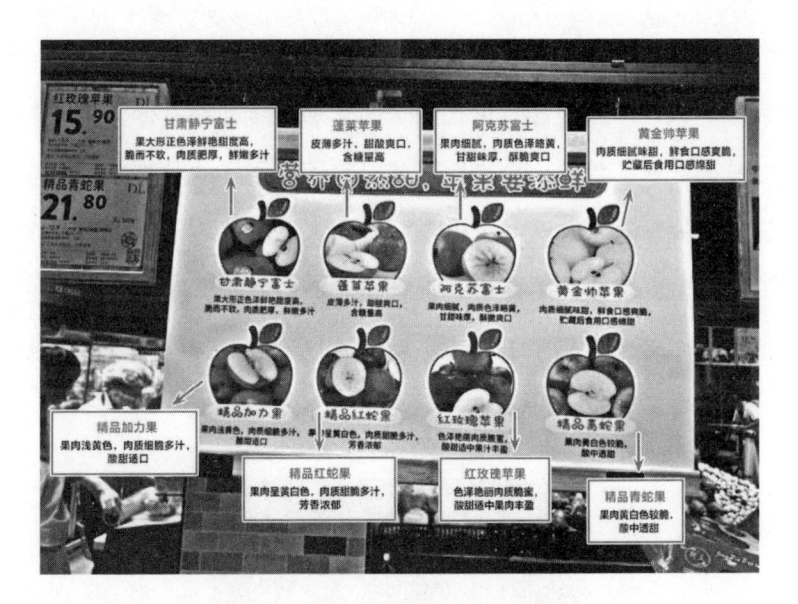

第四章 | 精研胖东来：以真心待客，品质服务铸就客户信赖

图 4-16 苹果分类

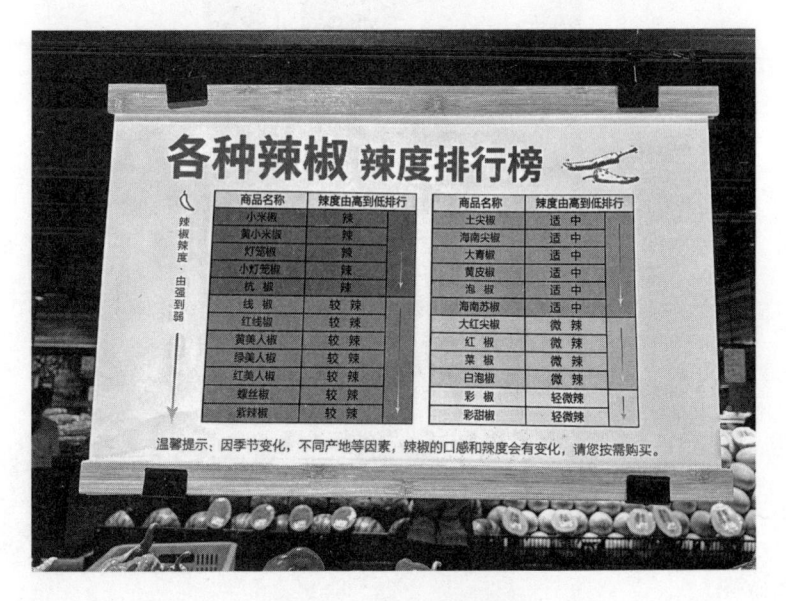

图 4-17 辣椒辣度排行

将心比心：胖东来的服务精髓

我们去超市，想买散装食品的时候，经常打不开食品袋子，尤其到了冬天，手很干燥，更是怎么摩挲那个袋子都不行。胖东来在散装食品区域，放了一个专用设备。打不开袋子的时候，手指按一下该设备就会沾上水，再去开袋子就可以了。

买海鲜的时候，不可避免会在袋子里留有水，胖东来的员工会准备一个小桶，在袋子上剪一个窟窿，把水滤干之后再称重，这就是"卖海鲜不卖水、卖螃蟹不卖绳"（见图4-18）。

图4-18 海鲜控水桶

胖东来的服务品质都藏在细节里。那我们学习胖东来，应该怎么做呢？

（1）构建细节服务品类场景

什么是品类？比如酒店行业，有电影主题酒店，有怀旧主题酒店，有电竞主题酒店，有艺术主题酒店，等等。企业也有不同的品类，我们要根据自己企业的实际情况构建一个场景，主要是激发消费者的购买联想，带动消费。

比如，胖东来会将不同品种的桃子，如油桃、水蜜桃、蟠桃等进行明确分类，分区摆放。每个区域都有清晰的标识牌，注明桃子的品种、产地、口感特点等信息，方便顾客快速找到自己想要的桃子。

胖东来也会将萝卜按照不同的种类进行细分（见图4-19），如白萝卜、胡萝卜、青萝卜等，然后陈列在不同的区域。每种萝卜都摆放得整整齐齐，并且用统一的包装或者容器进行装载，使整个陈

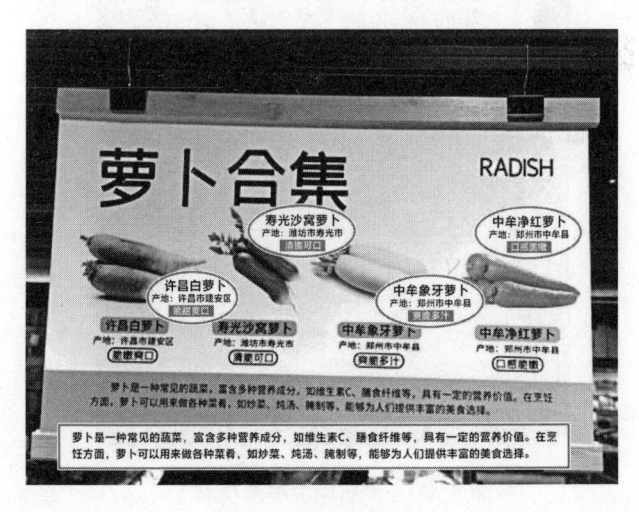

图4-19 萝卜合集

列看起来非常美观、整洁。在萝卜的陈列区域,也有详细的信息标识,介绍每种萝卜的营养价值、适合的烹饪方式等。比如,白萝卜适合炖汤、凉拌,胡萝卜富含维生素 C,对眼睛有益等,让顾客在购买萝卜的同时,也能了解相关的知识。

以上都是胖东来构建的细节服务场景,其实酒店行业,同样也可以构建细节服务场景。比如,早餐自助时,顾客可以选择鸡蛋的做法(见图 4-20);吃水果拼盘时,先吃哪个,后吃哪个,口感更好等(见图 4-21)。

图 4-20　酒店细节服务场景 1

图 4-21　酒店细节服务场景 2

（2）介绍产品使用技巧

产品的知识、使用技巧，是怎么通过细节服务场景构建出来，从而激发消费者的购买想象呢？我们看看胖东来的做法。

婴幼儿辅食方面，包括推荐辅食，添加辅食的最佳时期，添加辅食的具体过程等（见图 4-22）。

在儿童牙刷货架，儿童牙刷的使用方法（见图 4-23），标识得清清楚楚。

175

将心比心：胖东来的服务精髓

图 4-22　婴幼儿辅食服务

图 4-23　儿童牙刷选择

顾客买蛋糕的时候可能不清楚蛋糕的尺寸具体到实物有多大，胖东来就想到了这一点，把尺寸模型展示出来，让顾客一目了然（见图 4-24）。还把具体的成分、味道、颜色，奶油是植物奶油还是动物奶油，都清楚地标注出来。

第四章 | 精研胖东来：以真心待客，品质服务铸就客户信赖

图 4-24　蛋糕尺寸

（3）产品设置细节提示

在胖东来，顾客看到的最多的四个字就是"温馨提示"。这些温馨提示牌背后依然是细节。

比如，特殊的酸奶盖子如何打开，蛋糕在不同条件下的储存时间，如何用淡水盐处理青菜（见图 4-25）等。

包装袋比较锋利的商品，胖东来会有温馨提示，"商品包装边缘比较锋利，您在挑选商品时，请小心拿取，以防受伤，感谢您的配合"。非常贴心也非常细致。顾客比较关注的蔬菜，胖东来也提示不售卖隔夜的青菜（见图 4-26）。

177

将心比心：胖东来的服务精髓

图 4-25　温馨提示

图 4-26　"不售隔夜青菜　新鲜看得见"

为什么做这么多温馨提示？这就是站在顾客角度思考。

心链接：

胖东来售前服务 10 个提示点

1. 不满意就退货提示

2. 进门服务项目提示

3. 只选对的不买贵的提示

4. 食品安全监测提示

5. 无打扰购物提示牌

6. 不卖隔夜商品提示

7. 临期商品提示

8. 售卡处提示

9. 500 元投诉奖提示

10. 家电服务项目公示

胖东来售后服务 10 个提示点

1. 上门办理退货提示

2. 商品打包细节提示

3. 服务台票据存放袋提示

4. 调价主动退差价提示

5. 眼镜售后服务提示

6. 家电预约保修系统提示

7. 顾客家电建档空调清洗提示

8. 每台电器标明售后电话提示

9. 服务公众号提示

10. 其他售后服务提示

> **思考与实践：**
>
> 做服务就是做口碑，就是把细节做到极致。
>
> 你的企业是如何做细节服务的？如果没有，你打算如何设计细节服务？

3. 倒逼机制：顾客监督下的服务创新与升级

服务倒逼机制，是让消费者监督员工，监督企业的品质和服务。胖东来重视顾客的每一条反馈，并随时改进、提升服务品质。

（1）注重管理及服务细节反馈

首先，结合顾客建议卡，注重管理及服务的细节，进行调查和反馈。比如图4-27中所提示的"不好吃请告诉我们"，就是针对食物的细节反馈。海鲜区有"为了保证商品质量及新鲜度，如您在生鲜区鱼缸内发现有死鱼，请告知我们的员工，我们会将该商品赠予您"的告知牌。

企业也可以直接给顾客一张反馈表，顾客可以将反馈通过表格的形式传递给企业，企业进行改进。

第四章 | 精研胖东来：以真心待客，品质服务铸就客户信赖

图 4-27 "不好吃请告诉我们！"提示牌

（2）激励顾客反馈建议

有时候，顾客会说：我凭什么反馈呢，写这个表还耽误我的时间。企业可以运用小礼物或促销折扣来激励客人反馈结果。

前文多次提到的胖东来 500 元投诉奖，就是一种激励。如果顾客在胖东来的消费过程中因超市方面的失误遭受了损失，这 500 元投诉奖可以在一定程度上弥补顾客的损失，给顾客以经济上的安慰。同时鼓励顾客监督胖东来工作中的不足，促使超市及时完善和整改，推动服务质量不断提升，从而更好地满足顾客需求，实现长远发展。

案例：

曾有一位山西阳泉的女孩在胖东来购买了一瓶香水，回去后发现香水只有半瓶，她拨打了投诉电话。胖东来接到投诉后，第一时间赔礼道歉，并安排两名工作人员开车 8 个多小时到阳泉，送了鲜花、礼品、500 元投诉奖和一瓶新香水。这一事件让顾客感受到了胖东来对投诉的重视和解决问题的诚意。

通过设立 500 元投诉奖，胖东来不仅增强了顾客对超市的信任，也促使员工更加注重服务质量和细节，形成了良好的企业口碑和品牌形象。对于整个零售行业来说，胖东来的这一举措也具有一定的示范和借鉴意义。

（3）员工服务考核激励

员工服务考核，可以加上顾客评价，让顾客激励企业员工。

案例：

　　我到山东一家餐厅用餐，看到一个服务员小姑娘笑得很灿烂。她胸前戴了三个微笑牌子，一个大的，两个小的。我很好奇，问她为什么笑得这么灿烂？她说："先生，这是您给我的。"我就觉得奇怪。她让我看一本贵宾留言簿，我打开看了一眼就明白了。只要顾客感觉她的服务好，就可以给她评价留言。她说如果每天能够获得三位顾客的好评，就可以戴一个小的微笑牌，如果有五个微笑牌，就可以换成一个稍微大点的微

笑牌。随着微笑牌的增加，最后会换成一个大的红色微笑牌，如果得到红色的微笑牌，就说明她是服务明星。

思考与实践：

你的企业是否有倒逼机制，是否注重服务细节反馈？如果没有，请思考如何激励客户和员工反馈问题。

我们可以根据企业自身的实际情况，结合前文中的内容，有针对性地设计客户的服务计划（见表4-3）。

表4-3　客户服务计划表

主要环节	目前状况	提升方案	负责人	时间
换位思考 （爱心服务　便民服务）				
服务场景				
细节服务				
倒逼机制				
其他				

结 语

学习胖东来：打造幸福生命状态

何为幸福的生命状态？于东来经常会说一句话：我们要让每个员工有健全的人格，有阳光个性的生命状态，我们要打造幸福生命状态。

一、幸福生命状态的三个维度

那什么是幸福生命状态呢？我们可以从以下三个维度来思考。

第一个维度，思想状态。这是指精神层面。在这一维度，胖东来传递了自己的核心理念，即"爱在胖东来""自由·爱"，并且要培养员工健全的人格、正确的信仰、科学的思维、崇善的品格，来成就阳光个性的生命。我们要学习胖东来，通过文化铸魂，构建自己的企业文化体系，通过提炼和灌输企业的核心文化主张、核心文化理念，凝聚团队，并将其传播和影响到身边的每一个人，包括我们的顾客。好的企业都是先构建文化体系，再传播文化。现在大家都在讲营销，最好的营销其实就是价值观营销。就像乔布斯说的，营销讲到最后，就是价值观的传播。通过强大的文化力量，来提品质，助经营，创效益。通过思想状态，凝聚人心，统一思想，影响客户，影响整个行业和社会。

一个人也好，一个企业也好，要想跟别人不一样，归根究底就是精气神跟别人不一样，所以我们的思想状态要好。

第二个维度，工作状态。很多人一生都离不开自己的工作，他们的工作状态也决定了为顾客服务的态度。胖东来的工作状态是什么样的呢？在核心文化理念指导下，胖东来提出的工作的第一原则就是发自内心的喜欢高于一切。这是他们对员工工作状态的指导语。我们去胖东来的门店，看到胖东来的员工积极向上，热情周到，用心用情，这些无不在体现他们的工作状态。这份发自内心的喜欢高于一切，在每个员工身上都得到了呈现，我们看到的美好一面，都来自员工这份发自内心的喜欢。

除了发自内心的喜欢，胖东来对员工的工作状态还有另外两个维度的要求：专业与创造自我价值。胖东来培养员工成为岗位专家与服务专家，对所售产品了如指掌，比如电器区员工能详细介绍不同品牌电器的性能、优势，为顾客提供专业的选购建议。同时，胖东来注重让员工在擅长领域发挥优势，创造并实现自我价值，为企业发展注入活力。

各行各业向胖东来学习,就要去塑造、培养员工积极向上的工作状态。如何培养呢?

从企业来讲,先服务好员工,员工才会服务好顾客,所以我们要发自内心对待员工。在这样的前提下,我们可以践行第三章提到的方法,即要懂得为员工做好细节服务,要关爱员工,同时要对员工的父母和家人进行关怀,并且从新员工入职开始就做好关怀,共同建设幸福企业。只有做好点点滴滴,我们的员工才能真正在工作当中有一个更好的状态。

第三个维度,生活状态。我们这一生,在工作中,也更在生活中。我们都是生活者,应该传递真善美,感受生活的价值和意义。生活状态也是胖东来最关注的,正如于东来所说,他希望自己企业的员工要有阳光个性的生命状态,要有健全的人格。

很多企业只是检查员工的工作,而胖东来还要检查员工的生活,尤其是对新员工更为细致入微;很多企业注重企业员工的工作方式,而胖东来更强调注重员工的生活方式;很多企业都在讲员工的工作计划,而胖东来不仅重视工作计划更强调生活计划。

在生活状态方面,胖东来非常注重以下七个关键词。

第一是健康。胖东来对员工生活指导的七个核心中,首先就是健康。健康分为心理健康和身体健康,两者既相互独立,又息息相关。当我们真正懂得胖东来的文化信仰,特别是其扬善戒恶的真谛,将其融入、运用到实际生活中,保持健康的心理状态和精神状态时,我们便可以积极主动地调整和掌控自我的生命质量。不仅能在顺境中活得灿烂，在面对疾病、灾难、感情困扰、工作烦恼等逆境时，也很容易坦然接受并释怀。无论在什么环境和条件下，都不会因为过度纠结和痛苦而导致身体郁结和不畅，即便是在苦难中，也能感受到从容和甜美。

第二是安全。安全的范畴很大，包括思想安全和生活中的人身安全、财务安全、消防安全、用电安全、交通安全、食品安全、性爱安全等。大多数的安全事故都是因为无知或安全意识薄弱造成的，我们要在思想上对安全理念有深刻的认知，了解各项基本安全常识，有效地规避不必要的事故和麻烦，防患于未然。

第三是居家。员工根据收入水平规划居住场所和环境，保证最基本的居家安全和整洁，在此基础上建立健康、有品质的生活理念和生活习惯。

第四是爱情，爱情是两个人的幸福，是轻松、自由、愉悦，是相互的关心呵护，是在尊重个性的基础上让生活更美好、更丰富、更有活力。像培育鲜花一样，需要双方的呵护、修剪、浇灌，花才会恒久地成长与绽放。

第五是家庭。家庭是实现阳光、自由、个性生活的一个重要部分，家庭成员之间应是独立、互相尊重又相互帮助、互相信赖的亲情关系。员工应该规划好夫妻、孩子、老人等每一位家庭成员的生活，用好的方法去安排，彼此不约束、不束缚，各自过好自己的一生，呈现出轻松、融洽、有爱的家庭氛围。

第六是理财。员工要根据自己的能力、价值观和物质现状，有计划地支配收入，不好高骛远，不与人攀比。在能力和收入范围之内，合理、健康地规划生活。

第七是休假。休假从另一种程度上说是从生存走向生活，员工用合理的时间休假，可以实现更加轻松自由的生活。休假不仅是在外出旅途中领悟自然的魅力和世界的美好，更是回归真实的自己和生命的本质。

一般的企业是经营生意，优秀的企业是经营幸福。胖东来是一家能让人真正感受到幸福的企业。胖东来不仅给员工提供工作，也让每一个员工健康生活，快乐生活，并且享受幸福，体验幸福。

我们解读胖东来的服务精髓，学习胖东来的经营方式，其实更是在学习胖东来这种幸福生命的状态。我们要从思想状态、工作状态和生活状态三个维度去深度思考，进一步培养员工健全的人格和阳光个性的生命。只要我们人人都能够发自内心地面对工作，面对生活，只要我们每个人都能够向身边的伙伴、身边的顾客、身边的家人，甚至社会，传递这份真情、这份善良和真诚，那我们的每一天会更真正的美好、幸福和快乐。这是最好的幸福的生活状态。当我们每个人都能发自内心地热爱工作、热爱顾客、热爱企业时，我们的服务会做得更好。

二、为什么学胖东来学不到位

在这里我们可以深度思考一个问题：为什么大家都学胖东来，

将心比心：胖东来的服务精髓

但是很多企业并没有真正呈现对顾客的关爱，对员工的关爱？很多时候都是浮于表面，甚至是半途而废？其实最根本的原因就是这些企业并没有真正打造幸福的生命状态。

学习胖东来，要觉醒思想。首先要学习的就是胖东来的"爱自己，爱顾客，爱员工，爱社会"的理念，打造幸福企业，传递"向善"之心。而这颗"向善"之心，需要企业领导者从根本上转变思维方式，将关注点从单纯的赢利扩展到对人的关怀和对社会的责任感上，真正发自内心关爱员工、厚爱顾客，大爱利他。

同时，学习胖东来不能仅仅停留在表面的模仿，而应该深入理解其理念背后的文化和价值观。这需要企业投入大量的时间和精力去培养员工的服务意识、团队精神和社会责任感，同时建立起相应的管理制度和激励机制，以确保理念的落地执行。只有这样才能真正学到胖东来的真谛，打造幸福企业。

企业发自内心地关爱员工，给予他们温暖与支持。而员工也以真诚、善意和发自内心的热爱回应企业，热爱顾客，用心提供优质的服务。这种关爱与热爱在企业与员工、员工与顾客之间互相传递、相互感染。通过展现出的精气神和积极向上的状态，企业营造出了充满活力与凝聚力的文化氛围。这不仅提升了员工的幸福感和归属感，也为顾客带来了更好的体验，为企业的持续发展注入了强大的动力。

也正如于东来所说，"心态不如状态""生命不在于修行，而在于释放自己的生命力""真正的幸福是状态，而非心态""我们是创造美的使者,爱和善良永远是我们最大的信仰"。

三、胖东来是否不可复制

最后,我们一起思考一个延伸问题:胖东来没有走出河南,是不是真的不可复制?想必大家对这个问题也有着不小的疑惑。接下来,我会结合自己的理解,分享一下对这问题的看法。

首先,胖东来有着以顾客为中心的极致服务理念。在这里,顾客被视为家人、亲人,每一个需求都能得到无微不至的关怀。从宽敞明亮、整洁有序的购物环境,到热情周到、专业贴心的导购服务,胖东来用实际行动诠释着什么是真正的顾客至上。无论是商品的品质把控,还是售后的贴心跟进,都让顾客感受到前所未有的购物体验。这种对顾客的高度重视,并非一朝一夕能够养成,而是源于企业长期以来的文化积淀和员工的共同努力。

其次,胖东来对员工的关爱也是其成功的关键因素。高薪酬、良好的福利、人性化的管理,让员工在这里找到了归属感和成就感。员工们以企业为家,用饱满的热情和高度的责任感为顾客服务。这种积极向上的企业文化,为胖东来的持续发展提供了强大的动力。

再者,胖东来积极回馈社会,展现出强烈的社会责任感。无论是参与公益活动,还是支持地方建设,胖东来都用实际行动诠释着企业的担当。这种正能量的传递,不仅赢得了社会的广泛赞誉,也

将心比心：胖东来的服务精髓

为企业树立了良好的形象。

然而，正是这些独特之处，让胖东来的复制变得困难重重。一方面，其他企业很难在短时间内建立起像胖东来这样深厚的企业文化。以顾客为中心、关爱员工、回馈社会，这些理念说起来容易，但要真正落实到每一个细节，需要企业领导者有着坚定的信念和长期的坚持。另一方面，胖东来的高成本运营模式也让很多企业望而却步。高薪酬、高品质的商品和服务，都需要大量的资金投入。胖东来注重员工福利和人性化管理，这使得员工的工作积极性和服务质量都很高。但这种兼具高质量与人情味的管理模式在小规模范围内容易实践，一旦企业规模扩大，管理难度会呈指数级增加，可能难以保证服务质量和员工满意度的一致性。例如，胖东来员工的高福利和相对宽松的工作时间，在大规模扩张后可能会给企业带来较大的成本压力，并且也会增加管理上的挑战，难以确保每个门店都能保持同样的服务水平。在竞争激烈的商业环境中，很多企业更注重短期的利润，难以像胖东来一样进行长期的投入。

但是，这并不意味着胖东来不可复制。虽然复制胖东来的全部模式可能具有一定的难度，但我们可以从它的成功经验中汲取适合自己企业的内容。企业可以学习胖东来以顾客为中心的服务理念，不断提升服务质量，满足顾客的需求。同时，也可以借鉴胖东来对员工的关爱，营造良好的企业文化，激发员工的工作热情和创造力。此外，积极回馈社会，树立良好的企业形象，也是企业可持续发展的重要途径。

胖东来虽然目前没有走出河南,但它的成功经验为商业世界提供了宝贵的财富。它不是不可复制的传奇,而是一座待启的宝藏。只要企业用心去挖掘,用行动去践行,或许在不久的将来,我们会看到更多的"胖东来"在全国各地崛起。